U0114301

電影院和家庭同時上映的小故事

焫林 著

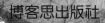
博客思出版社

目錄

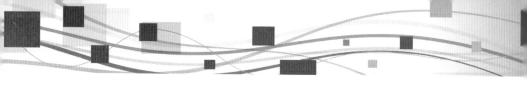

自序

　　有人說看電影可以殺時間；有人說看電影可以領悟道理……等，問一百個人對電影的看法，可能有一百種答案。在現實生活中找不到生活答案時，電影會告訴我們更高的人生境界，我認為看電影有許多好處，舉出三部好看的電影做例子，其他部分在書中都有詳細介紹：

一、用心陪伴子女

　　親子電影中的故事，有許多父母，面對成長中子女的叛逆，仍然不離不棄，陪伴在子女身邊，堪稱父母的最佳典範。如《虎媽伴學方程式》，母親在女兒的學習歷程中不缺席，終於獲得甜美的果實。子女的學習一定會遇到瓶頸，父母切不可認為這只是子女的事，父母若能從旁加以協助，子女一定能感受到父母的關愛，在心理得到極大的

滿足。父母在行動上的實質表現，比口頭上的幾句關心，更能打動子女的內心深處，進而打從心底奮發努力求學。

二、學到可貴教訓

做一件事一定能學到經驗，但是並不是每一件事都要親身經歷，才能學到教訓。如果一定要親身體驗，恐怕要有貓般的九條命，可能只學得皮毛。但是看電影可以在短短的一個多小時，學到教訓。如書中介紹的一部電影：《模犯生》，敘述高材生跨國考試作弊的故事，就算資質優異的學生，作起弊來仍然失算，何況是一般普通資質的學生？作弊只是讓品德有瑕疵，告誡同學腳踏實地讀書才是王道。

三、生活點綴幽默

日復一日地生活，有人會陷入找不到生活目的的情緒而苦惱；有人則把助人當作一生的職志。《我出去一下》這部電影的主角，就是以帶給別人無限的歡笑為職業。但是自己卻因健康出狀況而走向「朝聖之路」，最終也因擁

有幽默的天分，幫自己度過路途上許多的挫折和坎坷，真正所謂「助人者人恆助之」。以自己的專業救了自己，可見幽默的重要性。生活中十之八九不如意，幽默為我們提供了最好的解藥。

這本書是電影評論搭配親子教養的創作方式，讓看電影除了愉悅心性之外，還學到親子教養的精髓。有時面對孩子生活上的難題，父母就算說破了嘴，孩子還是有聽沒有懂，這時就得帶著孩子去觀賞一部電影，讓電影來告訴孩子如何自處？更能打動孩子的內心深處，重而領悟出另一種解決問題之道。也讓孩子難過的心情得到發洩，真的是一舉兩得。

求學中的孩子，被功課壓得喘不過氣來，何妨利用週休二日，讓孩子選一部他很早就想要觀賞的電影；或是家長想讓孩子觀賞的電影，到城市附近的電影院，親子一起共同欣賞。回到家裡，親子之間多了共同的話題，而不是「考試成績進步了沒？」、「功課寫了沒？」等表面的關心。電影讓孩子和父母的心更貼近，原來親子之間的深入話題是可以創造的，如同高科技的電影效果一樣，令人驚豔。

一、父母無怨無悔的愛心

第 1 場電影院的小故事

《繼承人生》

　　一個看似幸福的家庭，就在妻子玩水上摩托車發生意外之後，戳破了美好的童話故事。男主角麥特（喬治·克隆尼飾），一夕之間成為單親父親，發現小女兒有許多行為問題，如欺負同學、說粗話；而大女兒也不遑多讓地喝酒滋事。所以忙著帶小女兒到同學家道歉；把住校的大女兒帶回家中管教。並且處理她們頓失母親的情緒發洩。更令麥特不堪承受的事，由大女兒口中得知妻子外遇的事實，真的是屋漏偏逢連夜雨。

這部電影最精華的地方，應該是得知妻子外遇之後，麥特一連串的作為，他發揮偵探柯南辦案的精神，由一個陌生的名字，和親戚朋友的口中透露，一路由大女兒陪伴之下，找到情敵的別墅。想得知外遇的事實是人類的好奇心，如今麥特想問一問情敵對外遇的看法，原來是麥特太沉浸在事業上而忽略了妻子，才讓情敵有機可乘，導致妻子一時迷戀情敵。麥特有意無意地讓情敵的妻子心生疑慮，進而發現丈夫外遇的真相，達到報復的快感。

　　劇中有一位男孩，是大女兒的朋友，看似多餘礙眼常常口無遮攔。當他嘲笑外婆的老人癡呆症時，被外公狠狠揍了一拳。他也挪揄麥特的遵守禮教導致妻子外遇而遭到智障的辱罵。但是最後卻是麥特傾訴的對象，他告訴麥特此時只有痛扁情敵才是最暢快的事。但是已邁入中年的麥特，擁有的是穩重理智的處世態度，但是男孩說出麥特的心事，至少是站在麥特這一邊。由一場深夜對話，得知男孩是一位多才多藝的少年，洗刷了他的角色是多餘的印象。

電影院和家庭同時上映的小故事

　　麥特本來想把一塊繼承自先人的土地賣掉，讓家族一夕致富。後來因為妻子的外遇的對象的緣故，所以他毅然決然不顧親戚反對，決定留下這一片美好的土地。除了環保意識抬頭之外，也讓我們省思，並不是有錢好辦事。律師的家境優渥，但是家庭中的每一個人都出了嚴重的問題。還好憑著律師條理的做事態度，逐一解決她們面臨的問題，把家人的心又重新凝聚在一起，從物質層面進入心靈層面，為他以前衝刺事業卻不關心家人的錯誤做一次徹底的補償。

第 1 場家庭的小故事

《愛上點讀筆》

　　現代的社會，講究的是翻轉教育，但是國中有會考，高中有學測，學習還是佔據孩子大部分的時間。因為父母不能置身事外，所以陪讀文化應運而生，不管是家教或是父母，總是希望陪伴孩子度過升學的壓力。但是請家教對

於一般家庭開銷是一大負擔，父母親自陪讀，較經濟實惠。但是難免火氣一上來，親子衝突的火爆場面一觸即發，如何解決這種尷尬的時刻？除了送補習班之外，先生想到了一個代替的好工具：點讀筆。

先生是退休的理化教師，所以一抓到空檔的時間，就把理化的上課內容，用自己渾厚低沉富有磁性的聲音，預先錄好放在點讀筆的條碼上。晚上等女兒放學回家，再讓女兒聽一遍。女兒剛開始會取笑先生的發音不太標準，畢竟他不是國文老師。久而久之，教學相長，先生的發音也耳目一新地愈來愈標準。至於親子衝突降到新低，因為女兒是不會跟點讀筆頂嘴的，而先生也樂得有時間幫女兒切水果。

先生為女兒的付出，我都看在眼底，因為父愛就是表現在這些細微之處。從小孩子最喜歡聽到父母呼喚的聲音，小時父母跟我說過的話言猶在耳，如今先生也為自己的孩

子日日在耳畔叮嚀，那這些學問是否因為有父愛的加持，在女兒的心中更根深蒂固呢？

　　房間裡又傳出先生自言自語的聲音，先生目前又擴大預錄其它科目，畢竟孩子在學校或許一天上八堂課而顯得精神不濟，無法一次就把老師的上課內容照單全收，如果能再聽一遍講解，是否能溫故知新呢？這種無壓力的親職教育，是否有別於傳統的責罵教育呢？

第 2 場電影院的小故事

《非常母親》

　　這一部電影的主角是一對母子，孩子是先天智能障礙，但是母親仍然對他呵護備至，有句話：「癩痢頭的孩子還是自己的好。」母親不會因為他的缺陷，而放棄對他無微

不至的照顧。

這個母親常為斗俊擔心，怕他被別人欺負，於是教導兒子：「如果有人罵你『智障』，你一定要反擊，無所不用其極地用拳頭打、用腳踢甚至用物品回擊。」以懲罰不尊重他人格的人。

有一次斗俊被控謀殺罪，母親堅信單純的孩子怎會犯下慘絕人寰的殺人罪？於是開始親自去查案，想查個水落石出，最後得知真正的殺人犯是自己的孩子，這個晴天霹靂的打擊，讓母親失手打死證人，並讓另一個有嫌疑的智能障礙的人來頂罪。

這裡有一個值得深思的管教觀念，如果劇中的母親在教導孩子的過程中，告訴孩子不必用這麼激烈的手段來反應，後果就不會不可收拾。可以告訴孩子是誰罵他，雙方

家長出來談一談，若下次再發生同樣辱罵的事情，應該如何處理？並且教導罵人的孩子，要尊重身心障礙的人，保護弱勢者，畢竟每個人都有人權，豈可隨便辱罵？

這位母親基於愛子心切，辦案的精神比得上私家偵探，讓人不得不佩服她辦案的決心和毅力。她不放過任何蛛絲馬跡，也對被害者的生前瞭如指掌，終於找到關鍵人物，一位資源回收的老人親眼目睹兒子犯罪的事實。母親為了幫兒子洗刷罪名，卻反而得知兒子殺人的真相，母親的心中情何以堪。

有一句話：「愛之適足以害之。」母親的愛也要合情合理，孩子才能感受到它的溫暖。

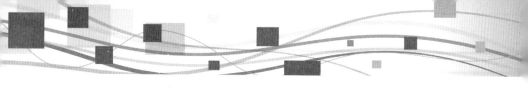

《我的愛戀小情人》

　　曾經嬉戲地說：「老公，除了你是我這輩子唯一的情人，生活中我又多了一個外遇的小情人。」這是自懷孕之後，我難掩的喜悅之言。老公也頗有吃味的表情。但切實說來，我全部的注意力與愛戀已集中在這尚未謀面的小東西，只好請老公多體諒了，我已準備去付出這十個月的愛與接受這十個月身心的折磨了。

　　預產期的來臨，就是我與小情人見面的日子，我當然希望迎接聰明活潑乖巧的小天使，這我得多下點功夫了。錄音機播送著音樂之父巴哈的 CD 或是古協奏曲之父韋瓦第的四季小提琴協奏曲，全心聆聽沉浸在無人打擾的古典世界之中，以這些成熟圓融的節奏，提昇小寶貝的音樂素養，擁有溫順的個性與高尚的人格。另外，還有整套的古典 CD，伴我與小寶貝每天都有豐富的音樂饗宴。

在胎教的領域裡，充足的營養是最基本，每當用餐時刻，各類食物並非填飽腸胃而已，在我眼中還得探討是維他命 A 或 C，蛋白質足夠嗎？澱粉勿吃太多；鈣質強壯骨骼，甘蔗、鮮奶、豆花……可以使寶寶皮膚白皙。於是吃東西變成一種學問，我儼然變成要求完美的營養師了。寧可凡事謹慎，日積月累這種愛一定顯現成果，不願一不小心，害了小寶寶的終生。

另外跑圖書館、書店竟成為茶餘飯後最佳的活動，看一些書像如何增強寶寶的閱讀能力，如何培養資優寶寶，100 種幼兒益智遊戲……。彷彿我今天狼吞虎嚥看完了這些書，將來寶寶在我調教之下，馬上脫胎換骨，出類拔萃。當然這是不可能的事，但也滿足了為人父母望子成龍的心理。教育是百年樹人的事業，父母也希望藉著細微的力量，助我兒在這競爭的社會一臂之力。

選一處綠草如茵、空氣新鮮的曠野，充分徜徉在這安祥之中，散步時也不忘在心中告訴我兒天空藍如水洗、白雲悠悠自在、蟬嘶如雷、綠草輕柔、落葉如繽紛的雨，狗兒忘情狂奔，這是大自然給人類最好的禮物。將來也是我兒欣賞美的開始。

這十個月的愛戀當然越來越強，並未終止，甚至延續一輩子，在內心希望這份愛戀如春風毫無壓力，如積沙成塔般隨時間流轉而更加濃純。

第 3 場電影院的小故事

《魔女宅急便》

已經十三歲的琪琪（小芝風花），必須離鄉背井在外地獨立生活，長達一年，才能成為真正的魔女。一個十幾

年來在父母呵護之下長大的小女孩，忽然要展翅高飛，獨自面對挫折和悲傷，她將會如何應對？

　　她選擇落腳的是一個靠海的小鎮，借住在麵包店福生夫婦的家中，從事的是宅急便快遞的工作。她曾經幫忙福生夫婦，傳送禮物給一位退隱的歌手高美加羅，鼓勵她能繼續展現她美好的歌喉。高美加羅的姐姐也是魔女，卻不幸墜海，高美加羅因而傷心地不願繼續唱歌。但是琪琪告訴她，說自己第一天離開家時，因為想家而失眠，但是聆聽高美加羅的歌聲之後，就能安然入睡。目的就是在激勵高美加羅復出歌壇，唱出療癒的天籟。

　　看似平靜無波的日子，卻因為魔咒的謠言，而掀起了滔天巨浪。小鎮居民不再接受她宅配的禮物，甚至把她曾經送過的禮物，又全部退還給她。給她的事業帶來嚴重的打擊，一度灰心喪志，想過著一般普通人的生活，不想當個會飛行的魔女。在傷心的時候，她幻想如果這時回家向

母親（宮澤理惠）哭訴，母親會說什麼呢？原來平時母親就曾說過，她最喜歡用心做藥，然後拿來幫助別人，擁有這樣的信念是最重要的。琪琪領悟了「助人為快樂之本」的真諦。

也因此幫助別人這個理念，因為母女傳承而在琪琪心中更根深蒂固。當動物園的小河馬的尾巴被獅子咬傷時，琪琪自告奮勇願意擔負起載運的工作。剛開始小河馬不願離開河馬媽媽，琪琪對她說：「你想一直待在媽媽的身邊撒嬌嗎？」其實琪琪也是對心中的自我這麼問。結果小河馬經過石醫生的診斷之後，是得到一種中心點不明的病，小河馬失去身體的中心，連自己是誰都不知道。

由小河馬的病聯想到琪琪的遭遇，琪琪最近因為魔咒事件，而失去心中曾堅持的信念：「當一個真正的魔女。」現在琪琪終於因為幫助小河馬，重新找到了自己，就是以飛行來幫助別人，找到了生存下去的最終目標，跌倒了再

站起來，最後成功地成為真正的魔女。套句動畫版「魔女宅急便」的語錄：「從一個城市到另一個城市，只有靠自己努力。學會長大，學會承受，學會哭過之後，還可以微笑地擁抱爸爸媽媽。」

《一份愛的禮物》女兒讀國中時的創作

每人從小時候，或到了現在，一定收過不少禮物，每個禮物也都具有特別的意義，可能是你在比賽中獲得勝利；可能今天是你的生日；也可能是長輩鼓勵你而買的禮物。而我到了現在，仍然喜愛而且想一直保留在身邊的禮物是媽媽給的「擁抱」。

媽媽給的擁抱是我最喜愛的禮物，她會在你失落傷感時給你一個充滿溫暖的擁抱，安慰你、鼓勵你；她會在你成功的時候給你一個熱情的擁抱，為你感到開心、驕傲；她會在你覺得疲累時給你一個讓你安心的擁抱，在懷中聽著母親講的故事，拋卻腦中的壓力不顧形象的笑出聲。在她懷中感受到愛，令人倍感放心，有時甚至就在懷裡呼呼大睡，醒來才發覺你原來就在媽媽的懷裡睡著。

　　媽媽的這份禮物讓我愛不釋手，不時尋找她，想要她的陪伴，或許這不是貴重的物品，也不會長久的跟著你一輩子，可是它是我收到的禮物裡，最充滿母愛，最具有特殊意義的一份；是別人無法取代、無法比擬的。

　　現在能跟在母親的時間變少了，功課壓力壓得你喘不過氣，多半是埋在書堆裡苦讀，一天下來只有早上和晚餐期間能說說話，都是到了假日，才能一起聊聊天；但我還是一如往常的膩在母親的懷裡撒嬌。看著母親的頭髮多了

幾絲蒼白，使我更加珍惜這份禮物。

　　收到的禮物有千百種，卻沒有一個能讓自己感到安心的，唯獨母親的擁抱是我最不想失去的。

《不存在的女兒》家庭教養勝過一切

　　大衛醫生幫懷著龍鳳胎的妻子諾拉接生時，首先出生的是活潑健康的大兒子保羅，接著是患有唐氏症的女兒菲比，麻醉中的諾拉渾然不知菲比的身障狀況。

　　為了避免重蹈母親的覆轍，大衛瞞著諾拉將菲比送走，暗戀大衛的護士卡洛琳，目睹安養機構惡劣的環境，決定幫大衛撫養菲比。結果在大雪紛飛的夜裡求助無門，遇到

好心的卡車司機，經過一段時日相處，三人共組家庭。

保羅和菲比，誰的家庭比較幸福呢？諾拉以為菲比離開人世，所以想再生一個孩子，但大衛卻不願意再冒一次險，與諾拉漸行漸遠。諾拉無法忍受大衛的冷漠態度，於是不斷外遇，保羅目睹一切非常憤怒。相反的，被收養的菲比擁有幸福美滿的家庭，她還當起卡洛琳婚禮的小花童。

保羅擁有聰明的頭腦，大衛要他克紹箕裘，但這與他的音樂夢想背道而馳，父子倆常為了音樂和科學哪個重要而爭執？最後保羅選擇了他的夢想，私底下申請茱莉亞音樂學院獲得錄取，雖然離家出走、飢寒交迫和身陷囹圄接踵而至，都無法剝奪他成為一流吉他手的初衷。

至於罹患唐氏症的菲比並沒有成為幸福家庭的阻礙。卡洛琳為菲比爭取上公立學校的權益，並且呼籲改掉「蒙

古症」這個歧視的名稱。每天菲比早起就會幫養父母準備豐盛的早餐，從生活自理學起，菲比也喜歡唱歌和編織。卡洛琳看待生命的態度是一視同仁的，沒有孰輕孰重的差別。因為家庭的教育理念不同，保羅一路走來的成長過程是跌跌撞撞的，菲比則是適性發展。

　　最後保羅看到爸爸和姑姑小時候的照片，他才理解爸爸為何要送走妹妹，原來是出於對妻子諾拉的疼惜。但卡洛琳對大衛說：「你錯過許多心痛時刻，但你也錯過許多喜悅的機會。」顯然養育菲比並非完全的痛苦，看到菲比逐漸成長的喜悅，早已超過痛苦許多。

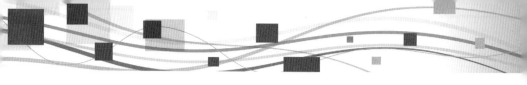

《教女兒烹飪》

退休之後，工作量大減，身體不再需要太多的熱量，所以三餐的飲食，偶爾自己買些皮蛋、蔥和薑，再用電鍋煮兩杯米，就可以料理出一道清爽的皮蛋粥。捨去大魚大肉的奢華，品嘗清粥小菜的樸實，一樣可以滿足味蕾。

女兒國中剛畢業時，一聽到我要開伙，就預約了切菜的工作，等到食材到齊，她就在廚房就定位：首先洗好嫩薑，削皮並切絲；接著抽三根蔥，切成丁；待我把皮蛋加熱之後，交給她切成適當的方塊；同時我在一旁先把粥煮開，然後再將女兒的成果丟入鍋中熬煮。一鍋好吃的皮蛋粥，不費吹灰之力就可完成上桌。

　　這一次，女兒所擔負的工作就是洗和切，而我負責的就是蒸和煮，這樣料理起來就省了一半的力氣。而且在料理的過程中，我還喜歡隨機教育女兒，為何皮蛋已經熟了還要再煮一遍？因為這樣少了黏稠感比較好切，湯頭也清澈。

　　讓女兒在幫忙的過程中，沒有壓力地學會一道料理，待全家一起品嘗時，還會有特別的好滋味；畢竟，加上了女兒的親力親為，做父母的怎會不覺得貼心呢？女兒的那一個暑假，也因為學會料理而顯得更有意義。

　　為人父母，不要只是口頭要孩子煮一頓飯來吃吃；其實，只要和兒女一起下廚房，就能輕易達成心願了。

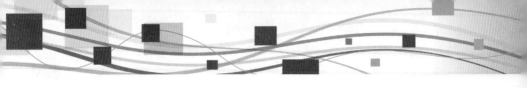

第 5 場電影院的小故事

《他不笨，他是我爸爸》

　　有一句話說：「人無法選擇父母。」劇中小女孩蕾貝卡，從出生時就被一位有心智障礙和自閉傾向的山姆先生領養。在蕾貝卡襁褓時，山姆摸索如何養育一個稚嫩的小寶寶，直到蕾貝卡七歲多，反而是蕾貝卡回過頭來，照顧心智年齡只有七歲的爸爸。

　　這個大家認為「笨」的爸爸，其實是不笨的。因為他會陪蕾貝卡到公園去玩；睡前還會唸故事書給她聽；上台報告想不起答案時，山姆以包容而不是責備的態度對她；還有山姆的一群好朋友，一起呵護這個小女孩慢慢長大。蕾貝卡最不缺乏的就是「愛」。

　　但是這個山姆先生也有出差錯的時刻，於是社會局出面干涉，讓蕾貝卡暫時成為寄養家庭的小孩，並且進入司法程序。為了勝訴，女律師採取尖銳的言論是必須的，質問一位母親是否面對自己的兒子吸毒會覺得困惑？但是山姆先生認為這是不恰當的，山姆的個性就是溫柔敦厚的對待他人。在法庭中有一位醫學系畢業的女士，就是由單親且心智障礙的母親親自撫養長大的，成為最有力的舉證。

　　山姆在司法還未判決勝負之前，為了每天看到蕾貝卡，就多兼一份工作，並把家搬到寄養家庭的隔壁居住，方便山姆探望。沒想到蕾貝卡天天跑過來找山姆，甚至感動了寄養家庭的女主人，願意在法庭上說出對山姆有利的言論。這樣努力認真的爸爸，還無法感動所有的人，是不會有人相信的。

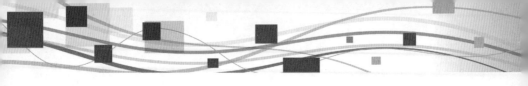

《說服老爸裝假牙九牛二虎》

　　我的老爸有一件事很頑固，就是太節儉，從年輕一直到年老的老爸，都是同樣的作風。一輩子腦中只想到要給家裡最好的享受，給子女受最好的教育，辛辛苦苦所賺的血汗錢，讓子女們個個成長茁壯。但是若要私心地對自己慷慨一點，老爸是絕對捨不得的。在歲月的累積下，老爸已滿頭白髮，牙齒稀落，皺紋加深。

　　記得有一次接到媽媽的電話，說老爸的牙齒只剩下兩、三顆，卻不願去配一副假牙。我們三姊妹知道了這件事，決定每人拿出幾萬元，合資幫老爸裝假牙。可是節儉的老爸硬是不肯答應。假日回到家裡，看到老爸吃飯只挑軟的吃，還要媽煮粥才吃得下。後來老爸胃不舒服，是因為老爸沒有咬碎食物就吞到肚子裡，所引起的副作用。這種種的情形在子女眼中，真是最難過的事了。

　　回到高雄，我們輪流以電話轟炸老爸，媽媽也是軟硬兼施，我好像對學生說教般，說著：「我們的身體好像一部機器，只要機器的某一個零件壞了不修，日積月累，將會影響機器的功能，最後難保機器不會損壞。就像老爸沒有牙齒，吞嚥食物，造成消化不良，影響營養的吸收，身體的器官也會衰弱，後果真是不堪設想。」

　　老爸一輩子為我們做牛做馬，我們又怎麼能回報得完呢？老爸又何必為我們省下這一筆錢呢？雖說弟弟的學費昂貴，能省則省。但是身體的健康也是很重要的。我們只是希望老爸健健康康這一件事，是子女最高興的一件事。

　　最後老爸總算對自己好一點，願意裝假牙。配上一副假牙的老爸，看起來年輕多了也硬朗多了。老爸大聲地笑開了嘴巴，不像以前還要遮嘴巴。嘴裡也不再空空洞洞，吃飯也沒有痛苦的表情，而能如魚得水，想吃什麼就吃什麼。節儉成性的老爸這次懂得愛護自己了。

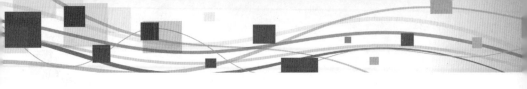

為擺脫宿命的虎媽伴女上學去《虎媽伴學方程式》

　　《虎媽伴學方程式》是一部印度親子電影，阿佩莎的媽媽晨姐是位單親媽媽，她養家活口的工作是在女醫生的家裡當女傭，獨自撫養照顧唯一的寶貝女兒。女兒從小有一個錯誤的觀念，認為「醫生的兒子就是醫生，工程師的兒子就是工程師，而女傭的女兒長大只能當女傭」，這和「龍生龍，鳳生鳳，老鼠的兒子會打洞」，有點異曲同工之妙。因此，女兒胸無大志，在學校得過且過，反正她生在這樣的家庭，將來的工作就是女傭，她已經認命，成天不想讀書，只想著玩。

當學伴做好身教

　　為了扭轉女兒宿命的觀念，媽媽在女醫生幫忙勸說校長之下，進入女兒就讀的學校，並且安排在同一個班級就讀，當起了女兒的學伴。她為了激勵女兒求學的態度，不

得不出此下策。並和女兒打賭，只要女兒的數學成績贏過媽媽，媽媽就不再出現在學校。果然有一次女兒的數學分數高過母親，可見女兒並非平庸之輩，而這也印證學業成績和積極學習態度有相當大的關聯。

媽媽也不是省油的燈，在班級中的求學態度，就是坐在教室第一排的位置，專心聽講；若有聽不懂的地方，下課一定請教班上第一名的同學，直到完全明白為止。因為媽媽的年紀最長，在班級中發揮了模範的作用，愛玩的同學也都跟著勤學起來，不再對功課敷衍了事。

擺脫宿命苦盡甘來

媽媽特地向當地的收稅員，請教他如何才能為國家做事？收稅員告訴她：「上完大學教育之後，通過國家公務員考試，就可當上國家的行政官。」這就是媽媽希望女兒未來從事的職業。

　　但女兒用功了一段時間之後，又回到叛逆的原點。把媽媽辛苦賺來的錢偷偷拿走。到處請同學吃、喝、玩、樂，揮霍殆盡。女兒不知道媽媽身兼多份零工，用一個個鐵罐子積攢的私房錢，是女兒未來讀大學，以及參加國家考試的輔導預備金。真的太令媽媽傷心了。

　　班上同學帶著這位女兒看媽媽在小吃店洗碗，工作到深夜的情形，她也親眼目睹媽媽病倒在床榻上虛弱無力的模樣，最終幡然悔悟，徹底改頭換面，努力往媽媽的夢想前進。最後以數學最優異的成績考上國家的行政官，打破女傭的小孩就是女傭的落伍觀念。

　　這個媽媽真的為女兒的教育費盡苦心、用盡心機。但唯有不放棄子女的媽媽；盡一切力量幫助子女的媽媽，終能嘗到苦盡甘來的甜美滋味。

第 6 場家庭的小故事

《陪兒女成長》

我有一對兒女，自他們出生起，我就想做一個能陪伴兒女成長的母親，所以不管功課或是才藝，我都會陪在兒女身邊。

兒子讀幼稚園時，我帶著他一起上兒童音樂班，整整三年，每周一個小時，是我最期待的時刻。音樂老師美麗活潑，教學生唱歌、彈琴和跳舞，那時我也陪在兒子旁邊，聽他彈琴，和他一起隨音樂起舞。即使早已遺忘兒子那時學會彈的曲子，但是親子歡樂的景象，卻深印在腦海中。兒子大學時迷上吉他和爵士鼓，或許和兒時參加音樂班不無關係吧？

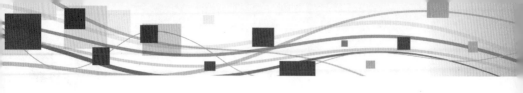

女兒讀國小時，我幫女兒報名書法才藝班。剛開始覺得女兒學得不是很起勁，我二話不說，搬出倉庫裡塵封已久的宣紙、墨汁、毛筆和硯台等，吃完晚餐，收拾乾淨，把餐桌當作臨時練功房，把寫好的書法成品貼在冰箱門上。為的是讓女兒知道不是只有她辛苦，母親工作之餘也寫書法，身體力行地告訴她寫書法是怡情養性，不是增加壓力。後來女兒逐漸愛上書法、愛上詩詞也愛上文學。或許她看到母親這麼認真，她也不能鬆懈吧！

母親既然帶兒女到這個世上，就要珍惜和兒女相處的時光。要兒女喜愛音樂和書法，母親也要親身和兒女一起體會其中的奧妙，千萬不要說這是孩子的事，跟母親無關。相信兒女長大後，不管做任何事，一定都能感受到有母親的愛在支持著他們。

二、家人發自內心的體貼

第 1 場電影院的小故事

《橫山家之味》

在這個團聚的日子，發生許多的事情，就在一言一行之間，家庭的各類問題就出現了，但是孝順父母就在及時，不要等到雙親過世，只能口中呢喃「遲了一步」。

奶奶在這次家族團聚中，總是煮著美味的食物，滿足家人的味蕾；而她十年之間不放過她老大拯救的溺水的孩子，要這個孩子年年參加老大的祭日；一隻黃色的蝴蝶飛進屋裡，奶奶認為是老大的魂魄回家來；她要媳婦生第二

個孩子，但是又怕對孫子有不好的感覺，因為孫子是拖油瓶。她總是對孫子客客氣氣的，畢竟不是自己的親孫。她嫌女婿要他修房屋卻聽而不聞。她希望次子能開車載她去購物。她抱怨先生只顧著照顧急診室的病人，棄溺水的老大於不顧。

爺爺在這次家族團聚中，說著若是有拖油瓶的女生一定嫁不出去，和媳婦的背景相似；他對孫子訴說著當醫生的重要，希望他繼承衣缽，但是卻說不動自己的次子。他對次子說常打電話回家，次子頂嘴他不想聽媽媽嘮叨。爺爺當了一輩子的醫生，退休了，只能看著他的病人被救護車載走。他和次子約定下次一起看足球賽。

次子在這次家族團聚中，說母親心機重，不放過那個溺水的孩子。說仍然沒有辦法買一輛汽車。次子小時曾立志要當一個醫生，但是長大卻走上美術之路。次子不顧世俗的觀念娶一個有孩子的寡婦。次子小時會緊握自己手上

的痔，希望長大賺大錢，但是沒效。

　　媳婦在這次家族團聚中，說母親為何對孫子客客氣氣？又不幫他準備睡衣。媳婦又嫌自己在這兩天之中，吃了太多美食而胖了兩公斤，下次只想回家過一天。

　　最後，爺爺和奶奶相繼過世，次子來不及用汽車載母親去購物，也來不及和父親去看一場足球賽。只能開著汽車在父母忌日回家掃墓。所以和父母親吃一頓飯非常重要，總是能留下許多美好的回憶，以及回想整個家庭曾經發生過的點點滴滴。

《退休好煮意，家人都受惠》

　　有人說男人退休之後，會找不到生活的重心；而女人退休之後，還有長輩、兒女和家事可忙，所以退休對女人來說，生活一樣充實忙碌。我曾經跟先生說，希望孩子能常常吃家裡煮的晚餐，我是職業婦女，一直沒辦法每日實現。沒想到先生聽在心裡，退休之後就接掌廚房的工作。為家人做飯，成為先生退休之後的居家生活。先生決定在網路上向名廚學習。每當熱騰騰的晚餐上桌之後，他就會侃侃而談他做料理的心得、做法、味道的調配等，讓用餐更有話題。他也會因為失敗而力求改善，下一次的餐點就會令人驚艷。先生是個富行動力特質的人，任由我們點菜，蛋包飯、義大利麵、焗烤麵、咖哩飯、烏龍麵等，他就會像魔術師變魔術般在餐桌上出現。

　　不僅是晚餐，還包山包海，為家人準備飲料。有一次我在電腦前趕工，先生端來一杯芒果冰沙，是他買新鮮的芒果做成的！他也自製粉圓茉莉綠茶，讓喜歡喝飲料的女兒，真是如魚得水。

　　有人說男人到了中年之後會愈來愈像女人，但是我覺得是因為男人愈來愈珍惜和家人的感情，而願意為家人做一些貼心的事情導致的。他經過歲月的淬鍊，看到女人為家裡付出的一切，所以男人把大男人主義，轉成綿長而細緻的溫柔，開始在柴米油鹽中實現。

　　另外一個更重要的原因，因為食安風暴，激起先生願意為保護家人的健康，而跟隨「在家煮」的一股新風潮。先生本來是料理的門外漢，如今卻是烹飪達人，真是讓人始料未及。

第 2 場電影院的小故事

《不思議幸福列車》

　　這輛「幸福列車」，開往的目的地不明，最後停留在一個海邊的小鎮—「風町」。搭上這輛列車的人們，到底在這小鎮發生了甚麼事情？當他們返家時都帶著幸福的笑容。

　　這輛列車是深夜零時從大阪出發，不幸福的人們不約而同搭乘這班列車：由香因為比他小的男朋友劈腿；華子是因為家人都不關心她，而想自殺；若林陽一則是畢業於一流大學，但是卻工作二十二年之後中年失業和被妻子、女兒嫌棄；而退休的大叔，獨自一人來到海邊，是因為要完成太太的遺願等。

　　在這美麗的小漁港，每一個不幸福的人，都放慢了平

時匆忙的腳步，同時也看到了平常看不見的東西。由香和小鎮醫師墜入愛河，因為受到小鎮醫師忙碌救人的身影所吸引；華子是因為翔太這個孩子想要學會吊單槓時身體翻轉，華子剛好有這項才能，因而體會「被需要的感覺」，就不想自殺；而若林陽一則是因為華子不想和他一起自殺而獲救；至於退休的大叔體悟不停工作導致和家人相聚的時間都沒有，所以本想退休之後帶著太太一起旅行，但是太太在退休前已經過世，所以帶著太太的遺照一起旅行，並且感悟如果人生可以慢慢過著就好了。

　　旅行真的是一件很棒的事，能重新檢視自己的生活，思考生命的意義是甚麼？人們不外是為了某個人的需要而活著，父母親為了孩子努力打拚；孩子為了父母的期望而努力讀書等，當一個人被另一個人需要時，這種感覺就是「幸福」的感覺。若是你因為被別人需要而感覺幸福時，別忘了你也可以需要別人，而讓別人感覺幸福，彼此互相需要，相濡以沫，這個社會就會愈幸福。

《老媽一肩扛，晚輩由衷感謝》

　　一般人的觀念總是認為，家中長輩一旦罹病，就送往養老院，才能得到完善的照顧。但是也有一些缺點，除了長輩覺得受到冷落，荷包也大量失血，如何拿捏得宜？就在體貼和用心。

　　幾年前，老爸無預警中風，過著坐輪椅的日子。家中的老媽認為老爸輕症時自己照顧，重症時再由養老院接手。

　　於是老媽由剛開始的手忙腳亂，到後來的氣定神閒，讓晚輩放心不少。老爸在老媽的細心照顧下，眼神活潑、笑容滿面、儀容乾淨清爽，自己推著輪椅在家中亂晃，看出老媽看護得體。老爸在溫馨的家庭氣氛和定時的復健當中，逐漸走出生命的陰霾。

　　那晚輩就此高枕無憂了嗎？當然是不間斷地提供老媽經濟的支持，使老媽無後顧之憂。

　　秉持著有錢出錢、有力出力的原則是首要，但是感情的因素也必須考慮在內，老媽在老爸生病之後，仍然不離不棄，實屬難得，現在的老爸和晚輩都衷心地感謝著老媽呢！

善待身邊的另一半《明天，我要和昨天的妳約會》

　　電影一開始，似乎要觀眾覺得，男女主角的戀情進展得非常順利。若以搭交通工具來比喻，他們搭的是高鐵應該不為過。好像男主角高壽（福士蒼汰飾）第一次跟女主角愛美（小松菜奈飾）要手機號碼、第一次以電話邀約、第一次牽手等，從不會遭到女主角的拒絕，好像是前世修

來的好緣份。這麼美的愛情是會遭到天譴的，原來男女主角的時間是交錯的，他們是不同世界的人，高壽每次和愛美見面的時間都是第一天，而愛美則是最後一天，那麼誰會比較珍惜見面相處的時間呢？

於是男女主角每次一起做的事：第一次見面、第一次告白、第一次親吻、第一次暱稱對方等，愛美都會流下喜極而泣的淚水，並不是愛美愛哭，而是愛美知道，這一刻的美好回憶，要用一輩子的時間來等待，才會再次和高壽邂逅。難怪愛美面對高壽時的情緒，彷彿生離死別又悲又喜，差點兒精神錯亂。而他們最終懂得珍惜這得來不易的愛情，所以不願以吵架、冷戰度過這千載難逢的戀愛時光，而是積極地想用畫的、寫的、拍照的，留下戀人的笑容和戀愛的甜蜜，因而使得這份戀愛彌足動人、淒美。

　　世間的男女，總是認為戀愛是最美的，因為戀愛是不穩定的，卻是刻骨銘心的，特別是戀愛的人最容易做出一些傻事的，常會出現一些戀愛症候群的症狀：不管相距多遠的距離，只要戀人一呼喚，彷彿就會瞬間移動，跑到對方身邊。或者，不斷地以信件轟炸對方，信箋裡只為傳達三個字。甚至，到服飾店瘋狂搶購服飾，總要以最帥、最美的姿態，出現在戀人眼前。

　　曾幾何時，戀愛一旦落入日常軌道，就不再以迷人的面貌出現，私心認為對方永遠會在家裡等待；永遠會帶著笑容；永遠會健康活著；永遠會展現最美好的一面，但是事與願違，所以不再珍惜，甚至棄如敝屣。而這部電影是否在告誡世人，就算在日常的柴米油鹽醬醋茶開門七件事中，仍然要善待身邊的戀人或是另一半，珍惜眼前相處的每一分每一秒？

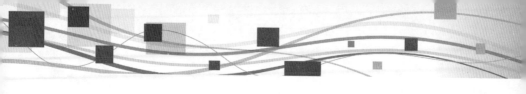

《支持孩子的興趣》

去年夏天，女兒要求我幫她買蛇板，她想學會溜蛇板。女兒一向對運動有極大的興趣。於是我帶她到運動用品專賣店，買了一個蛇板送她，就算讓她排遣時光或是鍛練一下身體都好。

從此以後，只要有空，我們都會陪她溜蛇板。她抱著好玩的心態看待這件事，後來覺得有點難度，不是一時半刻學得起來。於是爸爸展開訓練計畫，只要遇到假日，就帶她到附近的大學校園練習。有時摔得很慘，她都咬緊牙根繼續練習；有時要她休息，她還是堅持繼續苦練。久而久之，一再握緊我們的雙手，終於放開，看她操控自如地滑行在藍天白雲之下，心中不禁為她感到喝采。

今年春天，女兒學校舉辦運動會，有一個項目是全校表演蛇板，每班有十人

是正式的，她則是候補兩人之一。她能有後補的資格，原來是她之前苦練所造成的結果。如果等到運動會將到，才想到練習，一定來不及。因為當初練習，她覺得只是一種休閒活動而已，沒想到今年春天就搭上蛇板表演的列車，所以讓我感到不可思議。

學校規定候補的選手也要練習，反正只要能玩蛇板，女兒不管是正式或是候補她都甘之如飴，每天只盼望練習蛇板的時間到來。如果當初我婉拒她，不幫她買蛇板，可能連表演的機會都沒有；如果女兒玩一玩，覺得太辛苦了，把蛇板擱置一旁，也許今年就會失去參加表演的機會。

所以父母培養孩子興趣，站在孩子這一邊，支持孩子往興趣方面去發展，並沒有任何害處呀！

第 4 場電影院的小故事

親子相處之道《洛瑞太太和她的兒子》

　　電影描述一位畫家的養成，從小時候信筆就素描出一隻小狗可以看出兒子的天分。洛瑞跟著職業是收租人的爸爸去收租，長大後，他是收租人兼畫家，內心充滿赤子之心，他會和村裡的小孩子玩一二三木頭人的遊戲；試著隻身躺在磚砌的圍牆上看天空；造訪城市中最高的煙囪；甚至有一次還畫出想像的圖畫——一位蓄鬍鬚的女士。跳脫一般人的思考模式，在在顯露洛瑞的藝術家氣質。

　年邁的洛瑞太太，生活的範圍就只有臥室，洛瑞總是陪母親一起享用每天的晚餐；或是一邊幫母親梳髮，一邊和母親聊天。有時母親遍尋報紙的藝術評論不著，洛瑞告訴母親創作時不想受評論家左右。母親因為少有朋友造訪，不想失去鄰居的友誼，卻因為鄰居不喜歡洛瑞名為「來自工廠」的一幅畫，只因為鄰居以前的出身是工廠工人，所以也跟著討厭兒子的創作，但洛瑞認為他只是勾勒他居住的生活環境而已。

　有一次，洛瑞和母親起了最大的口角爭執，母親說她從不喜歡洛瑞的畫，甚至說她不想要有這個兒子，對洛瑞造成極大的心理傷害。洛瑞作畫的動力完全是為了母親，為了愛，因此，一氣之下，衝到閣樓把畫作全丟到後院，準備點火燒毀。

經過這場驚天動地的吵架之後，母親領悟了兒子的真心，答應兒子的一幅名為「帆船」的畫，可以掛在她的臥室牆上，讓她天天欣賞。

　　這幅畫敘述過去母子倆在海邊開懷跳舞的情形，透過回憶，洛瑞找出美好的相處時光，並表現在畫布上，每看一次心就微笑一次。母子不吵不知道彼此的內心，母親終於了解自己在兒子心中的分量。

　　其實，為人父母何必吝嗇對孩子興趣的讚美和支持呢？有可能不小心的一句話，就毀掉一位二十世紀英國最偉大的畫家！

《接受新觀念》

　　最近兒子到外地上班，是大學所安排的實習課程。為了每個月的生活費或是臨時額外需要的開銷，我必須轉帳到他的存摺，常常要外出到附近的超商 ATM 轉帳，通常必須多付一筆轉帳的小額手續費。

　　先生看到我常常出門去轉帳，提出用「手機轉帳」的想法，剛開始我基於安全的考量拒絕了他；但是為了在新的一年，期望自己能勇於接受創新的觀念，當先生再次向我建議時，我就立刻嘗試，耐性地按照他的手機教學，我學會了「台灣行動支付」的轉帳手續。現在想轉帳幾次都不必出門，也省了手續費，雖然手續費不足為道，聚沙成塔也是一筆開銷。

《墮落論》的作者坂口安吾曾說：「……不追求變化，不追求進步，總是憧憬讚美過往種種，當進步的精神偶然現身時，卻常會遭受刻苦耐勞的反動精神打壓。」如果我還是秉持刻苦耐勞的美德，恐怕不管颳大風或是下大雨，為了讓兒子有錢吃飯，還是會不辭辛勞地騎機車到超商ATM轉帳。雖然勤奮有餘，卻原地踏步無法與時俱進。如今我改變了舊有的思維，體會科技的進步，帶來許多的便利，「知昨日之非，悟今日之是」，終於學會手機轉帳。

　　迎接新的一年，擺脫習慣的禁錮，這是期許自己努力的方向。

《秋日奏鳴曲》：母女之間千千結

影星英格麗褒曼在劇中飾演一位高知名度的鋼琴家，她的日常生活除了練琴，就是巡迴演出，是一位成功的職業婦女。可是自從她有了兩個女兒，身分多了一個「母親」的角色，但自始至終無法適應。雖然她也努力想做好母親的工作，在女兒眼中，卻是不及格的媽媽：「在外巡演時，常常不在先生和女兒身邊而缺席；在家則讓女兒不敢做自己，怕失去自我。」

愛的表達顯得笨拙

這位母親是先有鋼琴家的生涯，音樂才華洋溢，世界圍繞著她轉，練琴之餘，沒辦法馬上轉換為母親一職，她的興趣不在育兒，但沒有人天生就適合當母親。

當女兒嫌棄不在家陪伴，是因為分身乏術。她寧願沉浸在她的音樂世界，也不願接觸育兒的工作，誰叫她是天生的音樂表演者？就這樣，母女好不容易相聚幾天，也因觀念無法溝通而分道揚鑣，母親毅然遠離，希望生活得自由自在，不被女兒們牽絆。

　　有趣的是，不願受到束縛的天才母親曾經好不容易在家休息，就打起調教女兒的主意：想到做體操，就馬上要女兒一起做體操；一意孤行把女兒的長髮剪成短髮；怕女兒牙齒長歪，花大錢幫女兒做牙套，卻被女兒嫌醜得像怪物；要女兒只穿裙子，不能穿長褲；好心帶回的課外書籍，卻被嫌太難，當母親滔滔不絕和女兒討論心得時，女兒腦中卻一片空白，顯得很笨等等。太有掌控權的母親，無形中帶給女兒心理很大的負擔。

對於家庭心有愧疚

女兒坦言絲毫不被母親所愛,或是被接受。但是女兒忽視了母親的所作所為都是出自於愛,只是因為她沒時間閱讀育兒書刊,表達愛的方式太笨拙。

就一般人情,母親要女兒做體操,是要鍛鍊女兒的體魄;長髮剪成短髮,或許是為了迎接酷熱的夏季來臨;戴牙套是整理門面的必經過程,其結果一定是增加女兒顏值的自信心;穿裙子無非是體驗淑女的儀態;帶回的書籍雖然有點困難,但是母親願意和女兒聊聊書中的學問,對忙裡偷閒的母親來說,是彌足珍貴的。

現代的職業婦女愈來愈多,相對的生育率卻明顯下降許多。正如劇中明星級的母親,當她正為即將來臨的巡迴表演,卻因背痛無法練琴而操煩時;當她因為重要的演出都取消了,頓時覺得生命變得無意義時;當她忍受知名度

不停的貶損時等等，家人又在哪裡？誰曾給她安慰？只是讓她在異鄉獨眠時，仍然覺得不在家人身邊而愧疚。難怪女強人愈來愈不願被家庭和子女束縛，生育率也就無法提升了。

第 5 場家庭的小故事

《體會生活的美好滋味》

寒假這麼短暫的假期，我和先生決定為了女兒的視力，不再持續惡化，就不送她去安親班安親。剛好我也有空閒，可以好好安排她的寒假生活，過一些和安親班不一樣的生活，因為人生是有多樣選擇的。

有一天早上，我約她一起騎腳踏車到都會公園，進行一場品味生活的戶外教學。我們先經過幾條車水馬龍的商

店街，然後進入一座森林似的都會公園。到處都是運動的人們，有的走路、有的慢跑，還有做著氣功體操等。我則和女兒決定繞都會公園騎一圈，放眼望去沿路都是綠色隧道，果然眼睛接受的滋潤真不少。

然後我們看到一個販賣機，我突然想到和女兒一起喝個上午茶。我拿出身上攜帶的銅板，買了餅乾、乳酸飲料和咖啡，坐在草地上接受陽光的擁抱，一邊吃餅乾，一邊喝飲料，真的是比一般街頭的咖啡店更享受。雖然只是很普通的飲料，但是女兒卻說販賣機的飲料怎麼這麼好喝？

接著拿出我想看的書，一看到精采的地方我就和她分享；她看漫畫成語看得哈哈大笑，有不懂的成語，我馬上深入淺出地解釋給她聽，她也聽得津津有味，一點也不會覺得厭煩。這到底是什麼力量？讓我們的心情處在極度放鬆的狀態，我想一定是大自然的神奇力量。

回到家之後，她要我幫她的大腿貼酸痛貼布，畢竟住家和都會公園有一段距離。這一趟公園之旅，充滿許多美好的回憶：綠樹、腳踏車、笑容、陽光和野餐等，相信女兒一定體會到生活的美好滋味，不一定需要花大錢的。而且生活真的不是只有四面牆壁，禁錮著一顆顆幼小的心靈。

　電影院和家庭同時上映的小故事

三、學校五味雜陳的生活

《墊底辣妹》

　　沙耶加是一個看似前途無「亮」、成績墊底的女學生，在重男輕女的家庭中長大。父親把希望全寄託在兒子身上，從小感受不到父愛的她，

　　卻決定挑戰可能超越自己能力的夢想，考上日本公認的名校一慶應大學。

　　幸虧沙耶加進入一間另類的補習班，專門招收學校頭痛的學生，激勵學生找到學習的動機；使用全方位的加強教育，只要發現哪裡能力較弱就會提醒，或是提供解決的方法，讓沙耶加重燃希望。當沙耶加成績終於大幅度提升，她對自己的能力愈來愈有信心了。

　　弟弟龍太看似幸運，得到父親的關愛，但是因為背負著父親小時候想當職業棒球選手的夢想壓力，後來遇到瓶頸時，終於選擇放棄。畢竟不是自己選擇的人生，就缺乏那份衝勁。而沙耶加和弟弟最大的不同之處，她的努力是自發的，不是為了父母，才勉強去做的事。就像學才藝，被逼的孩子和自己主動想學的孩子，那股衝勁真的是天差地別。

　　在升學主義掛帥的現代社會，這種原本低分後來卻高分錄取名校的學生，出現在全省各個角落的補習班裡。雖然考生埋頭苦讀到六親不認、痛哭流涕的境地所在多有，

　電影院和家庭同時上映的小故事

但是最終所付出的汗水和淚水，在堅持努力之下，換來的
是莫大的歡笑。

《旅行小插曲》

　　暑假前，先生就規畫了一趟旅行，讓全家人趁假期暫
時把工作、學業放在一邊，盡情玩樂，放鬆一下。在遊玩
過程中，不管是參觀動物秀或逛老街，都讓人耳目一新。
特別是拜訪古老廟宇，使我們內心獲得平靜祥和。

　　但就在旅程接近尾聲之際，念高二的兒子忽然在車上
放聲大哭。詢問原因，他說：「旅行使補習班的課荒廢太多，
花多少時間才能追回？」這時，身為司機的先生坦率的說：
「那麼你可以先坐火車回家。」並賭氣的表明：「安排一

趟出遊，帶家人出來玩很累。」我則說：「先上的課在整個暑假都可以慢慢補齊，況且真正懂得念書的人並非靠補習。」等到兒子心情較平靜後，再曉以大義。

這一段旅行的插曲帶給我們深思。先生所言絕非出自肺腑，他由衷希望家人快樂，才費心安排的；我無非是希望兒子能暫時放鬆緊繃的神經，為即將到來的高三生活蓄積多一些能量；而兒子無非是想要有好成績，這種擔憂的心情也能理解。後來，兒子知道同學也一樣出遊散心，就釋懷了。

當孩子盲目投入既緊張又忙碌的課業時，父母別忘了提醒他們「休息是為了走更長遠的路」，身心健康是一切的基礎哇！

《進擊的鼓手》

　　一位被家長投訴而失去紐約薛佛音樂學院教職的爵士樂老師，他的教育方法是值得商榷的。佛烈契老師認為安德魯的鼓藝想達到爐火純青，就必須通過魔鬼般的訓練，他認為對學生說：「很好！」是最大的殺傷力。

　　團練時間是九點，佛烈契卻跟安德魯說六點，讓安德魯苦等三個小時，任務只是幫譚諾翻譜。當安德魯屢教不會的時候，就把椅子往安德魯頭上砸去，幸好安德魯躲過，並加上各種不堪入耳的言辭羞辱。本來安德魯和譚諾互相競爭主鼓手，後來又增加另一個學生康諾里，當人數由兩人競爭增加為三人，濃烈火藥的氣氛倍增。最後雖然安德魯得到席位，但是佛烈契老師堅持表演必須使用自己的鼓棒，導致安德魯發生嚴重的車禍。

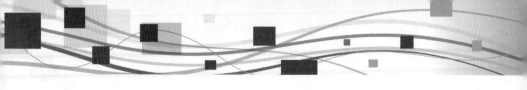

　　佛烈契老師並非無一毫可取，他和一個小女孩擊掌約定，希望她長大之後能到薛佛音樂學院就讀。當他昔日教導的學生英才早逝，在課堂上還一掬同情之淚。當譚諾把樂譜弄丟，他讓早已把樂譜牢記在心的安德魯上台表演。

　　最後一幕，佛烈契老師為了報安德魯爸爸投訴的一箭之仇，邀請安德魯上卡內基音樂廳表演，卻給他錯誤的曲目練習。本來安德魯一度想放棄，後來還是重返舞台，不管其他的隊員，自己獨奏爵士樂，成為舞台的主角。

第 2 場家庭的小故事

《有音樂調劑度過情傷》

　　兒子進入大學之後，除了面對繁忙的課業，還有其他的課題，人際、愛情……等充滿未知數。

　　有時他的情緒就像雲霄飛車，快樂時像天上飛翔的小鳥，憤怒時像冒煙的火車頭橫衝直撞。父母看在眼底，總是想無所不用其極地幫助他。

　　有一天兒子說他想學爵士鼓，我想在課業壓力之下，讓他藉著音樂抒發壓力也不錯，所以大力支持他去學。家裡我們也給他買了一套爵士鼓，讓他隨時想練鼓，就可以練習。有時他想表演給父母欣賞，我們也不忘讚美他。

　　後來他曾談過一次短暫的愛情，最後無疾而終。在情傷那一段日子，他把整個心力都投入練習爵士鼓，事後他說還好有學爵士鼓，所以療癒得很好。於是我領悟到當時讓他學爵士鼓的決定是正確的，因為如此，家中的家具和物品才得以保存完整，房門也不至於脫落。

讓孩子的情緒有出口發洩，才有繼續走下去的勇氣，當然還有他想看的書、電影都滿足他，畢竟在孩子的成長期，一味教條式的管教，孩子只會離父母愈來愈遠。有時父母對孩子學才藝的要求，只要經濟許可，無傷大雅。有音樂調劑的人生會是更完美的生涯規劃，體會人生不只是工作和賺錢，還有多元的發展，讓音樂為生活增添更多的情趣。

第 3 場電影院的小故事

《和豬豬一起上課的日子》

這部電影是敘述一位小學老師，帶領班上學生，在學校飼養一頭小豬的過程，最後因為國小快畢業了，全班激烈討論是否該吃小豬還是不吃小豬？

　　這位老師的舉動是很創新的，無非是在訓練學生的生活能力，比如全班一起幫小豬蓋房子，輪流餵小豬吃飯，幫小豬洗澡，處理小豬的排泄物，以及和小豬一起玩，都是一種學習的歷程。在飼養小豬的過程中，並非一帆風順，而是遇到許多的挫折，如何去克服？而和小豬相處的喜悅又是難以估計，真可說是一趟難忘的心路歷程。

　　畢業典禮到了，是和小豬分離的時候，全班一起決定小豬的生或死。在看這部片子的時候，女兒提議：「可以把小豬養到很老。」我也認為把小豬養到不能動為止，再加以埋葬。把小豬的地位升格到寵物而不是食物。因為小豬已經為孩子留下一段美好的回憶，小豬已經成為團體的一份子，不容分離。爸爸說把小豬殺來吃，女兒說爸爸好殘忍。

　　學生和小豬相處的日子，因此擁有一顆柔軟的心，想善待所有的生物。我們常常聽到被人類遺棄的流浪狗和流

浪貓的新聞，就可以知道人類遺棄動物的速度非常快，而必須有人起來呼籲「愛牠就不要遺棄牠」的道理。人類甚至殺害許多需要保護的野生動物，讓牠們瀕臨絕種的地步，只因為人類想從牠們身上獲得一些利益，卻無法思考如何愛護野生動物？和這班始終不棄小豬的學生，真的有天壤之別。

第 3 場家庭的小故事

《兒子的畢業旅行》

國三的兒子，整日埋首書堆，過著早出晚歸的生活，早上背著沉甸甸的書包上學，晚上則由月亮陪著他騎單車回家。他最渴望的事就是三天兩夜的畢業旅行，能好好放鬆緊繃的精神。

　　幾星期前，兒子就開始為畢業旅行暖身。只要逮到週休二日的空檔，就拉著我逐一完成剪髮和服飾的選購，他不願放棄用服裝展示自我風格的時機。兒子把心思放一點在功課之外，學一點服裝儀容的搭配，只要是合理的要求，我都不吝於配合，因為懂得打扮自己也是跨出成長的第一步。

　　畢旅回來之後，兒子興奮的敘述遊玩的事。他提到因為選了品質較好的住宿飯店，三餐就相對吃得比較簡單些，兒子說得輕鬆，聽在我這做母親的耳裡，倒希望他們吃得好些，住得簡單些。兒子聽了我的建言，也頗能體會母親的心意。

　　兒子還說，因為他的近視度數有點深，他放棄了一些刺激的遊樂設施，可見他開始注意到自己的安全，不做讓父母擔憂的事。

　　更難得的是，兒子的零用錢除了買自己喜歡的物品，還把一部分拿出來買禮物送給家人，這是他以前不曾出現的舉動。他領悟到，不僅自己要玩得開心，家人也能分享他在旅行中逛街購物的樂趣。

　　這一趟旅行，我感受到兒子在各方面都成長不少，例如事前計畫、儀容穿著、心得報告、食宿安排、遊玩安全、分享禮物等，都讓兒子上了寶貴的一課。

第 4 場電影院的小故事

《模犯生》—寧可光明的失敗

　　泰國電影《模犯生》中，小琳和阿班都是家境貧困但資賦優異的資優生，領學校獎學金過日子，兩人都是孝順的孩子，尤其阿班還要幫忙母親洗衣店的雜務。相反的，

含著金湯匙出生的葛瑞絲和阿派卻資質平庸，為了不讓父母擔心成績，和小琳和阿班協議作弊，只要告訴他們考試的答案，就會給予金錢回饋。

　　為了賺錢，不讓父母過苦日子，小琳剛開始在橡皮擦上寫上答案幫葛瑞絲作弊，接著在會考上使用敲手指彈鋼琴的方式，四首歌代表四個答案，同學一目了然作弊成功，但是考卷分 A、B 卷卻讓小琳作弊的行為被發現，失去領取獎學金的資格。

　　接著小琳不知悔改，阿派則設計阿班加入，作弊的行徑更是擴大了範圍、人數和金額，也就是利用時差，先到澳洲雪梨參加當地舉辦的 STIC 考試，通過考試才具備申請國際大學的資格。然後在考試時背好答案，再用手機傳給泰國當地要考 STIC 的學生。作弊的回饋金愈多，影響愈深遠，使命愈重，責任愈大。況且考試主辦單位並非省油的燈，很快地小琳和阿班作賊心虛，失誤連連，最後露出馬

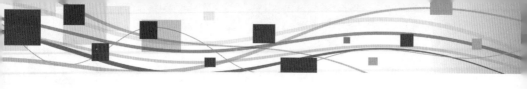

腳，坦承作弊。

　　過去聯考時代，太重視考試的下場，就是一試定終身。但是資優生占盡考場的優勢，大大小小的考試都難不倒他們。所以資優生的未來是「錢」途無量，想領什麼獎學金，想讀哪間名校，猶如探囊取物。實在不必如小琳和阿班一樣，幫富家子弟葛瑞絲和阿派作弊以賺取暴利，這樣短視近利的下場，只有讓師長和家長失望而已。

　　在學校的生涯教育之中，考試如家常便飯，但是學生往往視考試為頭痛的事，其實考試的最終目的是了解學生到底學會多少，以便調整自己的學習方法和態度。而作弊的行為只是臨時抱佛腳，或許能一、兩次達到理想的成績，但是路遙知馬力，成績不好的學生仍然毫無起色，所以作弊是不可取的；是欺騙師長的行為。不僅對自己的學業毫無幫助，也使自己的品德有了瑕疵，套句麥克阿瑟的話勸戒作弊的同學：「寧可有光明的失敗，絕不要不榮譽的成功。」

《探討高效補救教學勝過考試防弊》

　　日前報載，有一名美國非裔女學生參加 SAT 測驗，因為成績太好被懷疑作弊。案件已進入司法體系。據說該名學生第一次考試的成績並不好，但學生的母親卻未因此放棄她的課業，而是對她進行一連串的補救教學，包括報名補習班、請家教及購買參考書反覆練習等。沒想到第二次考試時，該名學生的成績居然突飛猛進。

　　補救教學如果使用在企圖心較強的學生身上，效果往往立竿見影，而現今國內補習班林立，曾幫助學生成績進步超過百分的案例比比皆是。畢竟部分補習班都大打師資牌，教師經過嚴格的篩選，以生動的上課方式，引起學生學習的興趣，或是教導學生許多記憶的策略與解題的技巧。學生受教之餘，更能事半功倍的溫習功課，學問自然根深柢固的深植腦中。

當這種補救教學方式能讓學生獲得優異成績時，大家該探討的不是學生有沒有作弊，而是補習班或家教的上課模式，何以獲得這麼高的成效？進而複製在其他需要補救教學的學生身上，如此一來，必能嘉惠更多的莘莘學子。學生如果能透過高效率的補救教學通過考試，又有何理由作弊。

合適的人生路看日片《何者》

五個大五的延畢生，五種不同的求職態度，展現不同的人生理念，聚集在租屋處討論如何寫履歷、面試、線上測驗和拜訪校友等，希望增加自己被大公司內定錄取的機會。經由討論激盪出的火花，讓他們看到自己的盲點，或許是這部電影的精華之處。

　　隆良是一個只會空想，不願腳踏實地去做事的人，只會說：「讓觀眾看只有十分、二十分的東西，那種失禮的事我做不出來。」心中懸著高遠的目標，從來沒有看過隆良真正地讓大家見識一下，他到底完成了什麼？總之只有好高騖遠可以形容他。

　　大學時是樂團主唱的光太郎，在舉辦畢業告別演唱會之後，剪去滿頭金黃色染髮，跑去應徵和音樂一點關係都沒有的出版社工作，原因無他，因為他還是幻想自己是青春偶像劇的男主角，想和從事翻譯工作的她，有再見一次面的機會，連一絲再續前緣的機緣都不願放過。

　　拓人平時對人無害，也涉足舞台劇的表演，但從不講出內心真正的話語。「何者」是拓人的另一個祕密帳號的暱稱，在網路虛擬帳號的世界裡，擁有一個以上的帳號不足為奇。但是拓人換了帳號也換了人格。平時在聚會時大家表面上一團和氣，但是回到「何者」的帳號時，卻極盡

謾罵之能事。甚至當得知光太郎被出版社內定錄取時，當面為他高興，背地裡在網路蒐尋得知出版社是夕陽產業，就連大出版社的營運也相當艱困，有一種看不得別人好的傾向。透過批判別人，讓自己這個兩年還找不到工作的大五延畢生，得到些許的安慰，卻從不去思考求職失敗的原因，正是無法坦誠待人所導致。

　　有人選擇上班第一天和最後一天內容大同小異的工作，雖然升遷之路狹窄，但一路順遂，平穩安定的人生之路，如劇中的瑞月。有人則選擇冒險的路，比如舞台劇的表演工作者，成功之路遙遙無期，雖然遭到別人殘酷的評價，但還是要求自己只要活在舞台上，就有成功的那一天。失敗時只能安慰自己重新再來，希望愈挫愈勇，這條人生之路想必比一般人艱辛，如劇中的烏丸。不管平穩或是崎嶇之路，選擇適合自己個性的工作才是明智之舉。

第 5 場家庭的小故事

《品嘗才藝的佳釀》

那日見兒子緊盯著手機，我心想一定是遊戲才能如此吸引他的目光，但當他休息時卻告訴我，他已經和網路高手下了幾盤圍棋。我問他為何又重拾小學時的才藝？原來是他接了補習班的工讀機會，擔任圍棋指導老師，為了教學，才和其他高手切磋棋藝。

回想兒子小學時正流行各項才藝班，由比賽來檢定兒子的程度，並體會「人外有人，天外有天」的境界。

拿回幾個小獎杯之後，兒子開始和電腦裡的高手下圍棋。如今事隔多年，這項興趣又悄悄在兒子心中萌芽；圍棋並沒有拋棄他，而他也沒有拋棄圍棋，透過教學相長，促使他想精益求精。

家長們一窩蜂讓孩子趕場學才藝，或許大部分會船過水無痕，但也許少部分會暫時存放在記憶的罈子裡慢慢發酵，在適當時機散發出濃醇的香氣。所以千萬別再說學才藝浪費時間和金錢，只要孩子不排斥、沒有壓力地學，父母也不要有投資報酬率的心態，認為投資多少就得要有多少成果，或許將會看到才藝在孩子身上散發出的光與熱，甚至在未來改變了他們的生活。

四、讓人會心一笑的創意

《星星的孩子》

　　這部電影的女主角叫恬普，是一位自閉症患者，她害怕自動門，三餐只吃優格和果凍，情緒容易激動，喜愛接觸牛群。這樣個性的人，不易與人相處，易受到他人排斥。但是她卻修完雙碩士學位，並且造福許多畜牧場上的牛隻。

　　她從小就拒絕他人給予的擁抱，包括最親愛的媽媽。但是面對如何讓自己的情緒平靜，她發明了一個木製的箱子，只要躲在裡面，讓兩片活動的木板夾住她，她就能平

靜如水。所以她的做法和一般坐困愁城的人不一樣,遇到問題,解決問題,並且為此還寫了一篇研究論文。

另外她喜歡的動物是牛,她為了讓牛隻在走入消毒池時,減少傷亡,特別到畜牧場去實習,觀察牛的生態。後來她還畫出一套設備的設計圖,能讓牛隻平靜地、自動地走進消毒池,再順利地走出來。因此不需要牛仔的驅趕,也不會再聽到牛叫的聲音。這樣飼主和牛隻就能雙贏。

每個人都有專長,也有喜愛的動物,包括自閉症患者。雖然恬普在人際方面是缺乏的,而且太容易情緒失控,但是她能在遇到問題時,發揮自己的專長來解決問題,幫助自己和其它人,甚至是自己喜愛的動物—牛,這才是令人佩服之處。

《創意，可讓夜市回春》

炎夏的夜晚特別涼爽，應著兒女的要求去夜市逛逛，想藉著吃、喝、玩、樂減輕工作的壓力，並且回憶兒時的歡樂。誰料到夜市的人潮明顯減少許多，攤位也在消失中，究其原因如下：

首先，攤位的內容不變。賣吃的、打彈珠台的、撈魚的……等，數十年來如一日，除了位置固定，連老闆也是老面孔。其次，提升物品的品質。一般人的印象中，夜市買來的東西，總是給人便宜貨的感覺，用一次就壞；玩具也缺乏安全標章。再次，增加益智的遊戲。現在是創意掛帥的時代，家長希望孩子在遊玩之中，也能增進腦力。開發寓教於樂的遊戲勢在必行。讓益智性、挑戰性的遊戲，代替賭博的遊戲，我曾看到有個攤販做小幅度的改變，就是釣電動魚，讓孩子達到手眼協調的訓練，生意不差，又

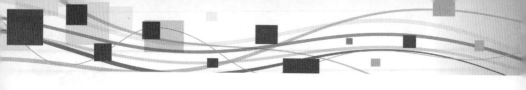

不會殘害自然的生物。也許創意才是夜市永續經營的條件。

夜市的經營者，若是想要靠著一招半式走天下已經不行了，擁有一個以上的專長，甚至十八般武藝樣樣精通，如此攤販和消費者才有雙贏的境地。

第 2 場電影院的小故事

《翻轉幸福》

一個單親媽媽喬伊的奮鬥史，她不甘於平凡，只因為她有特別的天賦，喜歡發明小東西。她發明的第一件物品就是魔術拖把，在家庭主婦的世界投入一顆震撼彈，也改變她和家人貧困的家境。當她成為一個成功的女企業家之後，進而幫助和她有相同遭遇的家庭。

　　整部電影敘述女人創業的艱辛，首先在停車場初試啼聲，推銷魔術拖把，經民眾檢舉遭警察驅離；然後她找到電視購物頻道，知名的銷售高手不懂如何使用魔術拖把，一支也賣不出去時，喬伊自我推薦，打破傳統，由素人上電視台推銷自己的發明，果然一鳴驚人。

　　接著創業必經的過程，工廠提高成本價格，瞬間喬伊又從雲端跌入谷底，她簽下了破產聲明；但是不服輸的她，找到工廠侵占她的模具和欺騙她的事實。接著經過和工廠高層談判之後，**轉敗為勝**，翻轉屬於自己的幸福。創業的艱辛非一般人承受得起，捉摸不定的業績，如何克服一波未平一波又起的挫折打擊？唯有耐心和專注力，才能為全世界的人和所愛的人，創造神奇的東西。

　　這部電影演員都是實力派的演員，能抓住角色的神韻。當家人的金錢為了停損止付時，她把房子二次抵押，只為了全力一搏，這種「置之死地而後生」的勇氣，值得敬佩。

而當她宣告破產時，並非一蹶不振，她鑽研合約，循著法律途徑，挽回破產的頹勢，把本來是敵人的工廠，化敵為友，成為事業的夥伴。

《物超所值推銷術》

某個假日，我的洗面乳剛好用完，所以就到附近超市附設的化妝品專櫃買了一條洗面乳，當我付完費用準備轉身離去時，專櫃小姐說要免費幫我修一下眉毛，我想我並沒有趕時間，於是就坐下來讓她修眉順便上個妝。

當她幫我修眉時，要我一手拿著鏡子，另一手拿著一張教學圖片，她說因為我的眼睛很大，別人看到我的眉毛時，就會看到美麗的大眼睛，所以眉毛在人的五官之中，

其實占著第一印象的重要地位。她教我按圖畫眉毛，濃淡要適中，最後是以自然為最高標準。平時我是個大而化之的人，如今知道如何「畫眉」，從今以後就能享受「畫眉」之樂，心存感恩之際，就又掏腰包買了一支眉筆。

　　這一筆小生意的成功，不在專櫃小姐的強迫推銷或是施加壓力。而是專櫃小姐告訴我眉毛具有綠葉陪襯紅花的作用，而且教導我畫眉的正確步驟，讓我產生購買的意願，這樣我買回家之後，就不會把眉筆棄置在一旁，而能善加運用。短短十分鐘的過程，讓我速成一門化妝術，不用花錢大老遠去上美妝課。買一支眉筆，卻得到一門學問，真的是物超所值。由此也可見，推銷人員介紹產品給顧客時，如果能讓顧客感覺充實，發現產品的優點所在，在購買產品的意願自然就會提高囉！

《我的機器人女友》

　　這部電影像是科幻電影，因為主角的女友是來自未來的機器人，而且是老年時期的主角自己製造的。她可以往返古今，在時光隧道穿梭自如。於是她回到現在，完成主角的夢想，雖然這些夢想曾經破滅，但是女友卻逐一改變歷史，讓它一一實現。

　　因為女友是機器人，所以有許多好處，例如跑步很快、力氣很大等，因此為生活帶來不少的樂趣。另外就是見義勇為，拯救卡車輪下的小孩、受到歹徒威脅的校園和火災中的受害者等，與女超人的行徑差不多，因為機器人無所不能，讓人感受到救人的輕而易舉。

　　女友能穿梭時空，帶著主角回到小時候的故鄉，去看一看小時的玩伴，和照顧自己長大的奶奶。當主角背著小書包，投向奶奶的懷抱的那一刻，多麼感人。

　　童年時光總是令人懷念的，無憂無慮。還有童年藏在匣子裡的夢想，就是當一位科學家。果然在長大成人之後，主角就自己製造出一個機器女友，真的是奇幻無比。

　　更令人驚訝的是，未來有一個長相酷似機器女友的女生，跑到現在和主角相遇。這個女生完全得知機器女友的秘密，為他們之間的情誼所感動，所以決定和主角廝守一生。

　　這部電影結合了過去、現在和未來，而不會讓觀眾覺得混亂。讓我感嘆科技的無限可能，讚嘆編劇的聯想力真的太豐富了。

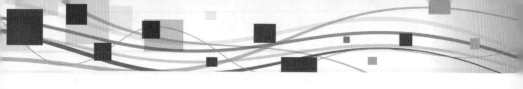

《科技與教學》

民國一百年的教師節，除了收到幾張賀卡，我還是和一般上課的日子一樣過去了，不過先生卻因為採用資訊融入教學，而有了一百八十度的轉變。其中的奧妙就是攝影教學和下課前的短片欣賞。讓學生上課更專心，學習更有效率，而且能增廣見聞。

採取這樣的教學，必須具備多媒體的操作能力，包括錄影、錄音、投影機的播放、和網路搜尋影片下載等。如果有一環節出了問題，可能就必須前功盡棄。而且在影片播放一段時間之後，稍做暫停，加以補充說明，並且讓學生有抄寫的時間。等到學生認真上完課之後，再利用下課前的五分鐘讓學生欣賞短片輕鬆一下。

　　採用科技教學之後，先生覺得學生比以前還認真，在走廊上學生不再閃躲先生，而是主動和先生打招呼。所以善用科技設備，真的能改善一成不變的教學模式。尤其是短片欣賞，先生還將它們分門別類為笑話類、勵志類、益智類等，每天都有不同的類型，讓學生得到許多生活的情趣。先生還說他曾經播放力克·胡哲的短片，看到一位女學生眼角泛著淚光，頗能激發學生的愛心。有時先生還跟家人一起分享他最新的短片，讓家人的心情更愉快，相處起來更融洽，這也許是我們家庭所始料未及的另一項收穫。

第 4 場電影院的小故事

《出神入化 1》

　　看魔術是一件賞心悅目的事，觀眾眼睛總是為所看到的事而感到不可思議，如在魔術現場偷取巴黎銀行的錢。但是一經過專門拆穿的高手布雷德利拆穿，效果都是經過

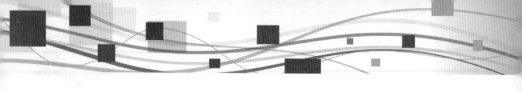

複雜設計來達成目的,還包括催眠司機搶劫運鈔車等,就覺得不足為奇。好在天使四騎士只是劫富濟貧,不是為了中飽私囊,使這四個魔術師充滿人道的精神。

　　把民眾該從保險公司得到的錢還給民眾,四大騎士設計搶富豪亞瑟‧特萊斯勒的錢,當他的存款愈來愈少時,反而觀眾存簿的存款數字愈來愈增加。原來這些觀眾曾經是遭到恐怖攻擊的某一城市居民,而富豪卻是不願理賠的保險公司老闆。這個梗在戲中並沒有拆穿,或許導演認為一再拆穿謎底的調子,會讓人反胃,所以省略了。

　　很多社會事件,得不到應有的理賠,若是天使四騎士,願意出來為人民服務,伸張正義。那麼受災戶就不必曠日廢時地上法院打官司、上街頭抗議,辦一場魔術表演就輕而易舉獲得理賠,省時又省力,大快人心。但是也因此可能觸犯到法律的禁忌,遊走在法律的邊緣地帶。

　電影院和家庭同時上映的小故事

　　劇中的警察對魔術師好像都束手無策，只因為他們心中不是為了自己，而是為了無辜的民眾，自然無欲則剛，散發一股正義之氣。但是現實生活之中，魔術師必須遵守職業道德，像偷人錢包、催眠刺探別人的隱私，似乎逾越了道德的分際。所以魔術最好以娛樂民眾為主，千萬別違反職業道德。

《演講的吸引力》

　　前一陣子曾經帶女兒一起聽演講，剛開始女兒是坐不住的，除了鬧脾氣之外，還跑到圖書區看書去，不過我當作視而不見。後來，習慣成自然，女兒反而喜歡和我去聽演講，有一次，我發覺她對演講好像有反應，而且還主動翻閱作者的展覽作品。

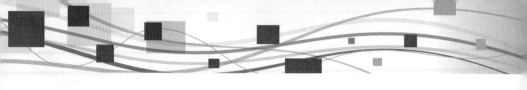

　　當天作者就好幾本的繪本做詳細的介紹，女兒為這些投影片所吸引，而且深記在腦海中。要回去之前，她拉著我的手，要我去看一本作者的繪本，還一頁一頁翻給我看。主要的內容是由拔蘿蔔的老故事改編的，地上有七個人同心協力拔一棵大蘿蔔，而地下的七隻動物也不甘示弱地對抗，在拔河的過程中，啵！一聲，大蘿蔔斷成兩半，他們各自把一半的大蘿蔔帶回家烹煮，但是卻又懷疑大蘿蔔的另一半到哪裡去了？我和女兒看完哈哈大笑，原來聽演講是這麼有趣。

　　幾星期後我和女兒到圖書館看書，女兒又找到另一本繪本，是上次聽演講所得到的訊息，這一本繪本完全沒有國字，女兒又特別喜歡圖片，正中她的胃口。看她興沖沖地拿給我看，我也一口氣看完，其中敘述一隻青蛙和一隻老鼠剛開始為了一朵花而吵架，最後卻演變成青蛙們和老鼠們的世界大戰，雖然有點荒繆和誇張，卻也提醒兒童了解爭吵的可怕，能避免就避免。

　　女兒將演講和圖書館繪本搭在一起，讓我體會到演講的魅力，我終於相信小孩子是可以聽演講的，你看她好像心不在焉，其實早已深深銘記在心。演講內容只要能引起兒童的興趣，書本一定可以得到兒童的青睞。

《陣頭》

　　阿泰是陣頭的團長，年輕的他如何帶領這群雜牌軍？於是「解散」常掛在他嘴邊；沒有人性地練習，挫折團員的心；團員不懂團長的用意，而向團長吐槽；甚至資金短缺，留不住團員……等。種種困難，排山倒海而來，最後都被阿泰一一克服，終於將陣頭帶出屬於年輕人的風格，揚名國際。

阿泰和父親的心結也刻畫得極為動人，父親一直不相信阿泰的能力，而阿泰也一直想挑戰父親的權威。阿泰以創意的方式來帶領陣頭，比如在三太子身上貼上螢光的裝飾物，父親認為是觸犯神明，但是年輕的一代卻不這麼認為，並且帶領團員挑戰更艱鉅的任務—揹著大鼓環台步行一圈、登上玉山頂峰、征服撒哈拉沙漠，證明他們是有決心和毅力的年輕人。

　　阿泰和另一團的陣頭，本來是死對頭，當對方欲併團，阿泰認為能增加更多的生力軍，也不管是年代多久的世仇，一律化干戈為玉帛。阿泰這樣的包容異己、豁達大度，難怪阿泰能繼承父志、發揚光大，父親終於對不肖的兒子刮目相看，而傳統的民俗文化才能可長可久。

第 5 場家庭的小故事

《另類親子交流》

　　女兒最近總在忙她自己的事，交友、旅遊、準備實習等等，忙得不亦樂乎！偶爾在客廳相遇，她也都沉浸在手機裡。如何進入女兒的心靈世界，又不致太干擾她？我想到的就是利用 LINE，寫出一篇有動人故事的影評傳送給她，等稍有餘裕時，她可以再慢慢欣賞。

　　有一次，為了遮蓋頭頂的白髮，和設計師約好補染，接下來，就是一段漫長的等待。等我在美容院的椅子上看完了帶來的書籍跟臉書、喝足了綠茶飲料，忽然有一股創作的衝動，但此時此刻眼前既沒有書桌、紙筆，也沒有電腦。我突發奇想，傳訊息告訴女兒，想利用 LINE 寫作然後傳給她，達到文章暫存的效果，女兒也欣然同意。

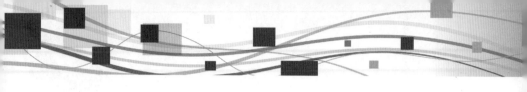

　　於是，我寫完第一段就傳給女兒，然後是第二段、第三段和第四段。一篇文章，就在美容院悠揚的音樂聲和舒服的座椅上完成，除了驚訝自己思路之順暢，遣辭用字也更加謹慎，盡量淺顯易懂，避免造成女兒閱讀的阻礙。當第一篇的 LINE 影評完成時，我感到非常大的成就感，相信女兒也想知道媽媽最近又欣賞了哪一部精采的電影，共享母女交流的樂趣。

　　我以前常會和女兒分享一些網路上有趣的文章，現在則是分享自己創作的文章。我相信，女兒會更想了解母親的想法；而且，能讓她因此了解一部電影背後想要傳達的道理與影片帶來的感動，進而學習主角面對逆境的勇氣和積極的生活態度，特別有意義。從此，我愛上了如此不受時空限制的寫作方式。

　　當我走出美容院，除了外表容光煥發，心靈更加開展舒暢，因為胸中滔滔不絕的創作欲望，終於有了傾洩的出

口。待我回到家，再將文章複製到 Email，寄給自己，然後存入電腦資料夾歸檔。

因為利用 LINE 寫作，我們母女開發出親子溝通的另一種方式。希望親子之間能持續分享電影故事，憑藉手機與科技通訊的另類心靈交流，讓彼此感情更加親密。

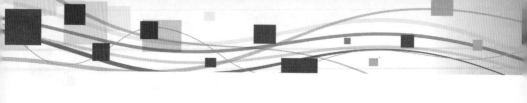

五、品味從容自在的步調

第 1 場電影院的小故事

《寧靜咖啡館之歌》

　　從小和父親分開的吉田岬，為了等待父親的海上歸來，把父親以前留下的小船屋，改造之後，開起咖啡館。面海的方向，咖啡館永遠有一盞點亮的燈。在偏僻的海邊開咖啡館，有別於在繁榮城市的經營獲利。別具特色的是，藉著燈光對父親的孺慕之情，在咖啡濃郁的香氣中隱隱浮現。

　　基於自己從小在單親的狀態下長大，對於住在隔壁民宿缺乏父母照顧的小孩，更是感同身受。適時伸出援手之

際，也感嘆孩子真的需要陪伴和照顧；至少要繳得出學校的營養午餐費；心裡害怕時，有親人在身邊安撫；肚子餓時，有親人端上熱騰騰的食物，填飽口腹之慾。但是現實環境逼迫之下，這兩個孩子無疑是遭到親人漠視的。

　　而民宿的小女孩，聽從吉田岬的提議，在咖啡館當起小工讀生，學習咖啡的產地、沖泡咖啡的方法、介紹咖啡的品種和特色。我們常覺得小孩還小，什麼都不懂。但是只要把她丟到一間充滿咖啡氣息的情境教室當中，自然小孩的所有感官都會打開，成為一個懂得品嘗咖啡的小專家並不困難。

　　因為吉田岬熱心幫助民宿的母子，使原本停止運作的民宿重新開張，而吉田岬也因緣際會和其他船難的家屬接觸，對父親的生平更加了解。畢竟三十年的時光，記憶已經非常模糊。唯有透過活著的人口述，一點一滴拼湊父親的形象。這種尋根之旅，也為人生缺乏父愛的遺憾，找到

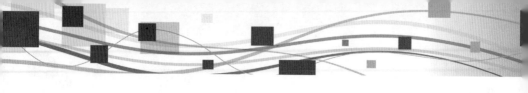

一個彌補的方法。

卻意外幫助一個失能的家庭，獲得重生。

《下班後的小犒賞》

在大廈旁邊有一座大型公園，是我下班之後最喜歡去散步的地方，下班時間一到，一般職業婦女忙著回家張羅晚餐。我卻反其道而行，只想散散步，給上班一整天的自己犒賞一下。

公園裡多的是退休的銀髮族，稚齡的孩童和穿著運動鞋、運動服的男男女女，像我這種從職場直接過來的人，揹著背包，儀容正式，比較少見。因為我抓緊這回家前的

半小時，犒賞自己一段悠閒的時光，以逛街的心態逛公園，
欣賞公園的花草樹木，真的是美好的一趟心靈旅程。

　　這座公園的設計別具巧思，濃密的樹葉遮擋刺眼陽光，
彎彎曲曲的小徑旁，種著各式各樣的林木，每轉一個彎，
樹林風格跟著改變，讓人不覺單調，即使繞著圈子散步，
也不會厭煩。若走累了，多的是讓人休憩的涼亭和椅子。

　　在一天的結束，散步一下，伸展久坐的筋骨，把煩惱
平息之後，再準備回家接受照顧家庭的另一項重責大任。
心滿意足之後，和家人相聚時光就會多一點耐心，千萬別
小看這小小的自我犒賞。

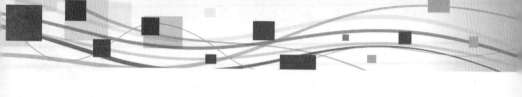

《老師與流浪貓》

　　一隻流浪貓出現在街上，在一個充滿人情味的小鎮，牠的出現，讓鎮民的生活增加許多美好的回憶；所以牠若失蹤了，就會是小鎮的大事，鎮民的感情生活因此頓失依靠。牠在不同人的心中，就有不一樣的名字，但都是牠，牠慰藉著鎮民的情感。

　　一張尋找流浪貓的啟事，透漏多少人的不安。當牠經常造訪時，日子過得像掛在牆上的日曆那麼平順；一旦牠在外流連不再出現，關心牠的人急著張貼啟事、幫忙協尋。到底這些鎮民和這隻不會說話的貓，有多少不為人知的感情羈絆？而校長森衣恭一因為感情羈絆得愈深刻，所以尋找的腳步就愈急促。

　　動物天生就是有療癒的效果，失智的老人，在貓咪的陪伴下，展露難得的笑顏；在學校被同學霸凌的女孩，唯一傾吐心事的對象，就是流浪貓；而退休的校長，則常常因為牠而想起已不在人世的妻子，牠是亡妻的愛貓，曾經帶給家裡一段歡樂的歲月。睹貓思人，所以校長尋找流浪貓的心情，就彷彿親人走失。

　　電線桿上一張啟事寫著：「請不要再餵食流浪貓，不要隨意增加流浪貓的數量。」對照著另一張尋找流浪貓的啟事：「貓咪的名字、配戴的項圈、貓毛的花紋、體重幾公斤……等，並且附上一張牠的近照。」形成強烈的對比。在餵養之餘勢必造成流浪貓的氾濫，而不餵養又不近人情，人類如何找到兩全其美的方法？給予流浪貓溫飽之餘又能和流浪貓培養深厚的感情，就像對待自己的親人一樣，就是為牠找到愛心家庭認養。

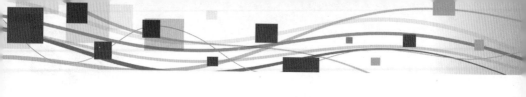

《偷渡母鴨公車鬧翻天》

　　記得在小時候的年代，物質生活普遍缺乏，家中常飼養家禽如小雞、小鴨，在重要的節日可以打打牙祭。所以平時的飼養工作，就落在我們姊妹身上，回家第一件事就是放下書包，切好菜葉拌上飼料餵雞、鴨去，有時很怕被雞、鴨啄，但是為了完成家事只好忍耐。

　　好不容易雞、鴨日益長大，心中充滿成就感。這時媽媽交代我們一件大事，就是將家中最大的一隻母鴨，送到鄉下外婆家。因為母鴨還是活生生的，如何包裝考驗著我們姐妹？最後決定用一個尚稱牢固的大紙袋裝上牠，這樣搭乘公共汽車，可以掩人耳目，司機或乘客並不知道裡面有一隻動物，不會引起騷動。

　　我們很順利地上了公車，心中正竊喜不已，但是車子行進的震動還是驚嚇了母鴨，在紙袋裡窸窸窣窣地摩擦，潮濕的鴨掌終於撐破紙袋底部，伸了出來，最後紙袋再也承受不住牠的重量，母鴨衝破紙袋，重見光明。這時乘客人人自危，母鴨驚恐不已想找個縫隙鑽，呈現人與母鴨共乘的有趣畫面。還好就快到下一站了，司機把我們和母鴨全趕下車，母鴨回到陸地如魚得水，在馬路上亂竄，我們急中生智把牠趕到一戶人家，在大人的協助下再次綁好母鴨，繼續未完的旅程。

　　母鴨可能知道此次前去，凶多吉少，想趁混亂之際逃亡，但是最後還是向命運低頭。聽說外婆並沒有宰殺來吃，母鴨反而生出許多黃毛小鴨，外婆來電說，要我們姐妹再來一趟將小鴨帶回，這次母親不敢再任由我們胡作非為了。

《幸福特快車》

小說家倪匡，有記者訪問他：「你在小說中對貝殼的描寫非常深入。」倪匡回答：「我是貝殼專家，我看到一顆牡蠣，就能說出牠是屬於哪一科。」由此可知，平時看似無關緊要的休閒和嗜好，當寫小說需要時，也能發揮它無遠弗屆的功效，就看你如何巧思運用！

本片的兩位男主角小町圭和小玉健太，因為對火車的喜好和研究，居然讓他們瀕臨遠調和破產的工作和事業，重燃一份希望，起死回生。只因為他們和談生意的老闆有相同的興趣，都是「鐵道迷」，當同事以為他們和老闆正在談公事時，其實是談火車呢！

　　小町圭除了談火車之外，也對工作非常投入，他為了說服早登野先生，賣地給他們公司好興建工廠，曾經下了一番苦工夫：比如一大早陪早登野先生慢跑，經過一段時間，頑固的早登野先生，終於點頭同意賣地。小町圭在說服的過程中，曾經提到若是工廠蓋好了，員工就能一眼看到迷人的鐵道，這句話居中牽線也說不一定。

　　劇中從頭到尾，都能欣賞到不同風格的列車，滿足「鐵道迷」的視覺感官，他們尤其愛戀列車行駛過的風景。聽列車前進的聲音，在他們耳中有如特定型號的馬達聲和交響樂。甚至談生意的老闆，還打造一間列車模型屋，滿足他的想像和喜好。我想觀眾欣賞之餘，內心也跟著覺得很幸福呢！

《閱讀時光》

　　假日逛百貨公司時幫兒子買了一雙時尚球鞋，幫女兒買了一張正上映的電影票，也給自己買了一本書。這本書將陪伴我往後的一段時間，每天翻幾頁，沒有像老師規定般，何時一定要看完，就根據內容來決定閱讀的快或慢。這個儀式，已經變成我的一個習慣，逛街一定要買一本書。

　　忙完了家事，戴上耳機，閱讀一本書的背景音樂最適合的是純鋼琴輕音樂。若是有歌詞的流行音樂，會干擾我閱讀的流暢度。正在閱讀的我，此時沉浸在字裡行間，忘卻多少世間的煩惱，等到心靈飽足之後，明天才有力氣去處理日常的柴米油鹽醬醋茶。

　　有時剛好這一本書的結束與另一本書的開始，銜接得不是剛剛好，就會讓我坐立不安。就算聽演講也無法滿足我的渴望。閱讀文字的速度我能控制，聽演講的速度則控制在演講者身上，反而帶給自己不少的壓力。我嚮往的閱讀時光，就像沐浴在春風中，風兒輕拂著臉龐，感覺自己非常幸福和平靜，沉醉在文字所帶來的畫面當中。

　　一本書代表一個心靈，我和作者或許是不同國度不同年齡的人，但是不管彼此相距多麼遙遠，透過文字，我們仍然是心有靈犀一點通。作者的思想高度，陪我度過白日的喧囂和黑夜的漫長。只要完成了這一段閱讀時光，我就能心滿意足地進入夢鄉。

《退而不休》什麼才是人生第二春？

　　日本電影《退而不休》主角田代壯介是東大高材生，退休前擔任銀行主管，是人生勝利組。退休後本該好好回歸家庭休養生息，他卻想談場忘年之戀，也想開創新事業，結果搞得烏煙瘴氣，退休彷彿變成災難。他一人回到老家，當一家小企業的職員，任人差遣。妻子千草和他保持婚姻關係，但處於分居狀態，也就是日本所謂的「卒婚」。劇情和成語「人財兩失」有異曲同工之妙。

　　田代壯介無事可做，到文化中心上文學課，一眼看到坐在櫃台後的濱田久里，被她的年輕貌美吸引住。她曾向田代壯介說她想當一位兒童文學作家；也曾一起聚餐聊天；田代壯介甚至邀她到酒店過夜，但最後被她婉拒。田代壯介至此才大夢初醒，原來他一直被當作「免費餐館」。太太千草看在眼底，對田代壯介產生了厭惡感，家庭關係因

此生變。

　　田代壯介在健身房認識了 IT 新銳社長，被邀到公司當顧問。誰知社長英年早逝，田代壯介毅然接替社長一職，想實現創業美夢，卻因不懂經營之道，把一輩子辛苦賺來的退休金付之一炬。就算是人生勝利組，創業也不一定順遂。當初不答應他擔任社長的太太，生氣之餘，請他到外面旅館住一陣子。

　　這次的退休讓田代壯介摔了一大跤。一般人認為退休人士談個小戀愛似乎無不可，但是陪他一輩子辛苦工作的妻子情何以堪？田代壯介應該關照太太的心情，主動煮飯、打掃、燙衣服，不再茶來伸手、飯來張口，而隔行如隔山，投資事業還是步步為營才是。碰了兩次釘子的田代壯介，終於了解退休不是繼續追求事業的高峰，而是鞏固家庭關係，尤其是夫妻的感情為上策。

《退休的「無用之用」》

當社會上瀰漫一股退休無用論時，我因為女兒忽然住院，體會退休的先生不是無用，反而在支援方面展現最大的用處呀！

學期將末時，女兒天冷感冒了，我帶她去診所看醫生，按時吃藥到第三天仍然高燒不退，甚至高燒至 39 度 C。我以母親的直覺，發現此次症狀非同小可。所以星期一不能讓她去學校上課，於是一大早叫先生載她到大醫院的急診室看病，是流感引發肺葉肺炎，當天馬上住院接受治療。

住院五天，都是退休的先生忙裡忙外，願意日夜都到醫院幫忙。幫忙女兒買三餐，但是前三天胃口不佳，還特別買她喜歡的食物，直到後兩天胃口才大開。有時女兒喊冷，幫

她多加一條被子；有時女兒喊熱，幫她拿毛巾擦背和手腳，降低體表溫度。督促她使用喉嚨蒸器，注意她的點滴和吃藥情形。因為接受抗生素治療，女兒終於痊癒出院。

退休的先生，讓我無後顧之憂，雖然從職場退休，但是並沒有從家庭退休，他在背後支撐著我，讓我能照常上班，免得蠟燭兩頭燒。而女兒在先生貼心的照顧之下，父女的感情溫度陡升。女兒也免於疏於照顧，延長病情。

當母親無法分身照顧女兒，父親毅然扛起責任，除了體貼妻子，更能使女兒安心，原來退休是這麼機動性。若是夫妻兩人都在上班，勢必要多付費請看護照顧，家中經濟又得多付一筆看護費。原來退休並不是只有悠閒，當家人分身乏術時，反而是展現「無用之用」的最好時機。

《植物圖鑑》

這部電影採用強烈對比的表達手法,作者想打破刻板印象的努力可嘉。如男主角「樹」(岩田剛典飾)不喜歡奇花異卉只喜歡河邊小草,卻出生在花道名家的家庭。富家子弟的他卻路倒在路邊,被女主角彩香(高畑充希飾)像流浪狗一樣撿回家。單身獨居的彩香不顧自身安危卻把一個大男人帶進家門,展開一段在同一屋簷下居住的日子。更不可思議的是,樹一手廚藝精湛,並下廚為彩香每天準備一個便當。

電影一開始看似不可能發生在現實世界的種種情事,居然讓彩香一一碰上,所以她一直以為自己在做夢。自小失去父親而母親又改嫁的彩香,每天三餐老是在外,當樹開始為她烹煮三餐,那種母愛的溫暖讓她泫然欲泣。世界上的孩子總是認為母親天天都會準時開飯,哪個懂得珍惜

呢？總以為這種付出是恆久不變。當樹代替母親為形單影隻的她呈上熱騰騰的食物，也擄獲她的芳心。

這些餐桌上的食材都來自不知名的雜草，樹也讓彩香對「雜草」一詞有了一百八十度的轉變，有了新的看法：「沒有一種草叫做雜草，每種植物都有它的名字」。雜草不再是無用處的雜草，搖身一變成一道道好吃的料理；不再是「斬草不除根，春風吹又生」欲除之而後快的雜草，而是他鏡頭寫生之下的最佳模特兒。他不想用除草劑把它們從地球上消滅，而是廣泛地收集雜草的倩影和寫真相片，然後製成一本厚厚的《植物圖鑑》，把它們推銷給全世界。

暫時沉澱兩人的愛情，更讓樹確認了未來努力的方向，當他為新書舉辦出版紀念派對時，也贏得了花道家父親的認可和讚賞。子承父業是老掉牙的傳統觀念，而懂得創造自我風格的下一代樹，其成就和父親相比並不遜色。樹最後還是忘不了那一段尋覓野草為彩香煮食的同居歲月，重

新回到彩香的懷抱，難道這不是樹所愛的小草所牽線的姻緣嗎？看似微不足道的小草，還是擁有巨大的震撼力量。

《打造一座心靈花園》

新疫情時代的來臨，待在家裡的時間比待在戶外的時間更是多了許多，如何親近大自然不虧待自己的心靈，不致讓源頭活水枯竭，就是打造一座居家的小花園。自從兒女羽翼漸豐，身旁少了噓寒問暖，我在陽台闢一方盆栽園地，像園丁一般，細心照顧這些沉默的小植物，而它們總以綠意盎然回饋。

黃金葛、劍蘭、蘆薈、沙漠玫瑰……陸續出現，這些安靜的植物，也是需要園丁的呵護。春天吐露新芽，為它

們高興；冬天葉子枯萎，提醒我摘除，按時以水灌溉像以奶瓶哺餵嬰孩。記得蘆薈來到我家的陽台，乃是女兒在國小時犯錯偷拔學校的蘆薈，老師提醒家長買盆蘆薈當作賠償。因此買下兩盆，留下一株，日後繁殖了更多盆。

忙於工作時，曾經讓這些植物恣意生長；尤其黃金葛的藤蔓，不知把陽台當作操場繞了幾圈，碰到牆壁又往回長。待我有餘裕搭理它時，居然剪裁掉的枝葉裝了兩三個垃圾袋，真的讓我驚訝它們旺盛的生命力，和頑皮的個性，難怪隨意摘下幾葉置入新土，又能繼續繁衍。

現在絕不可再忽視它們的生命力了。每隔一段時間就像人們要定時修剪三千煩惱絲，我也得幫它們修剪枝葉。這個整理過程，心思完全專注在如何讓它們呈現最賞心悅目的姿態。或者和它們說說話，這是讓植物成長得更好的儀式，就像父母對孩子說出鼓勵愛語般更受用。它們如同兒女般占據我心中重要的位置，我總關心陽光、空氣、水

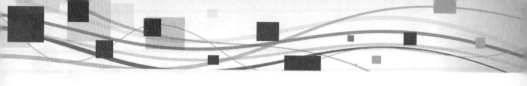

是否足夠它們使用？

　　我喜歡植物的「靜」，更勝動物的「動」，符合個性文靜的我，但是它們有旺盛的生命力，也會頑皮，會告知季節的更迭，也會帶給我孩子童年趣事的回憶。我絕不會讓心靈如《沙丘》所形容的沙漠，找不到一滴水可滋潤，我一定會用心灌溉呵護這一座心靈花園。

六、生命無法預測其長度

第 1 場電影院的小故事

生命在好不在長《假如貓從世界上消失》

　　第一眼看到電影的名字，愛貓人士一定覺得不可思議，甚至群起抗議。但是若將「貓」字改為「我」字，當「我」從世界的舞台消失，有多少人會為我悲傷呢？男主角（佐藤健飾）因為得知自己罹患腦瘤，不久於人世，心中有一個惡魔的聲音，和他對話，如果讓世界上的一些事物如電話、電影、時間、最後是貓消失，每消失一件事物，就能換取多一天的壽命，他願意答應這個交易嗎？

後來他發現雖然這些看似微不足道的事物，在他生命中，卻佔著舉足輕重的地位：他因為女朋友（宮崎葵飾）打錯電話，從而和她開啟一段刻骨銘心的戀情。而他也因為愛看電影，結交一位每天和他聊電影故事的摯友。而當他們在阿根廷旅行時，認識一位不受時間束縛到處雲遊的朋友，在道別轉頭離去的那一刻，車禍身亡。因而領悟生命的難以捉摸，所以「好好活著」這句話，似乎提醒他們珍惜和任何人相處的時間。

　　他也因為愛貓，感染到母親也愛上貓。但是好景不常，母親失去愛貓「茼蒿菜」時，難過得看著貓的照片，父親於是決定幫忙母親收養另一隻和「茼蒿菜」長得一模一樣的「高麗菜」，讓母親展露笑顏。若是貓消失了，當然他的父母也會消失，這是讓他更傷心的事。

　　回想母親過世前，生活總是圍繞著他，為了把他撫養長大，一輩子放棄自己的夢想和想做的事，從大賣場買回的都是他的東西，眼中只有他。在母親寫給他的一封信中，總是不斷誇耀他的優點，感謝他的誕生，不管付出多少青春和歲月，看他一天一天平安快樂地長大，就是父母心中最大的安慰，因為他在父母心中是獨一無二的。

　　最後男主角認為在世界上因為這些人事物，證明他曾經存在這世界上過，雖然生命短暫，但是走過的足跡還是熱鐵烙膚，於是他不願電話、電影、時間、貓消失，寧可留下這些美好的回憶，而不願自己孤單地活著，接納死亡彷彿是一件幸福的事。原來他的生命過程如此精彩，應驗一句話：「生命在好不在長」。

第 1 場家庭的小故事

《讀書之餘不忘休閒》

　　升上高二的兒子，總是利用週末、星期假日，在補習班上課。這種犧牲假日改去上課的勤學精神，讓我覺得心疼。他向我建議一個週末晚上陪他去看場電影，我便欣然同意。不讓孩子認為父母總是重視功課，不重視休閒。

　　先生樂意幫忙買三張電影票，我和女兒先去電影院畫位，再到和兒子約定見面的地點會合。約定的時間到了，從補習班剛下課的兒子，疲累之中顯露期待的表情。於是三人吃完晚餐，就在晚上六點半準時進電影院看電影。

　　時常我們以找不到時間為藉口，就不願意陪孩子做一些放鬆身心的休閒。日積月累，乖巧的孩子被課業壓得喘不過氣來，就會如使用過度的彈簧般彈性疲乏，有些孩子

甚至對課業失去探索的興趣。家庭之中也因課業繁重使親子之間疏遠不少，孩子心中充滿鬱悶，無處發洩，補習效果得不償失。

　　這次安排的休閒非常緊湊，時間必須拿捏好，才不至於晚歸。甚至在選擇電影的類別，也是兒子所希望欣賞的，才能達到抒解的效果。這次的電影太精采了，我們都直呼太短了，真想繼續看下去。出場的時候，我看到兒子的心情變好了，自己也放鬆不少。這次和兒女一起看電影，感覺和年輕世代不致於脫離太遠，好像我也回到高中時代，變年輕了。

《時空永恆的愛戀》

女主角艾黛蓮因為遭受雷擊，所以不再老化，她的時間永遠停留在年輕貌美的那一刻。古代帝王將相追求長生不老，所在多有，秦始皇就曾派遣方士徐福帶領童男童女6000人渡東海求神仙，找尋長生不老之藥。相信一般的老百姓，也會趨之若鶩。但是女主角的遭遇，卻為她帶來一連串的災難。

她因為不再老化，所以成為研究的對象，如果能從她的身上，找到長生不老的秘密，相信會造福芸芸眾生。但是在找出秘密的過程之中，她可能成為實驗室中的實驗品，過著生不如死的日子。因為沒有任何人想成為實驗室中的白老鼠，生命或身體任人宰割，於是為了躲避這些擁有濃厚研究精神的知識分子，她靠著變換身分，過著「逃難」的日子。

　　她的第一位情人，也因為她忙著逃難而無法廝守。等到遇到第二位情人時，沒想到這兩位情人是父子關係。父親認出她來的時候，希望她能接受兒子的愛情，但是她執意要驅車離開，沒料到發生車禍，心臟必須接受電擊，此時女主角因為電擊，身體又發生變化，不再老化的機制因此停止。女主角醒來之後，她決定不再逃離，要坦然地面對海誓山盟的愛情。

　　當她發現第一根白髮時，居然說出一句話：「非常完美。」因為她終於可以和相愛的人白首偕老。以前她看到認識的親朋好友，一一離她而去，甚至她的女兒都可以當她的奶奶，那種「眾人皆老而己獨少」的日子，只有一隻寵物狗陪伴的歲月，感覺非常孤單寂寞。她的故事告訴我們，與其長生不老，還不如和所愛共度餘生呢！

第 2 場家庭的小故事

《退而不休的老人》

現代是老人氾濫的年代，人口老化已成為國家必須面對的議題，一般人對老人的印象都不是很好，不是認為老人無用就是認為老人增加子女的經濟負擔，但是在我的生活周遭，卻有許多老人正扮演家中的精神支柱，甚至是無所不能，讓人不得不豎起大姆指稱讚他們。

我家隔壁鄰居爺爺奶奶是退休的公務人員，現在是折衷家庭，奶奶平時幫忙煮晚餐；爺爺則負責接送孫子女上下學。兒子和媳婦要上班，回家時已經華燈初上，兩位老人早就打理好一切。他們為子女所做的一切，子女在腦海中一定會留下難忘的印象。

　　我兒子的保母，除了把年邁的雙親照顧得身體硬朗、笑口常開；還開了一間家庭理髮店，幫家裡賺一些外快貼補家用；孫子出生後，又幫兒、媳照顧孫子，讓全職的兒子和媳婦無後顧之憂。她身兼數職卻遊刃有餘，撐起家中的一片天，我們再也不能小覷老人家的力量，老、中、小三代，無不受到保母無微不至的照顧。像這樣的老人，充滿生機和鬥志，看不出有什麼老態龍鍾？

　　「家有一老，如有一寶」，老人千萬不要自暴自棄，以幫助家族綿延不絕為使命，孝順高堂，關懷稚子，家族每一個人都是值得老人去關心和照顧。老化只是生理狀況，重要的是心裡永遠保持年輕，任勞任怨換來的是家族心中永遠的感謝。把老人的生命價值，發揮得淋漓盡致。

《鐘點戰》

這部電影讓我們體會到時間的重要，活得長並不代表活得有意義；活得短也不代表無法轟轟烈烈地創一番事業。男女主角為了打破上層社會的壟斷，不惜大義滅親，一起搶劫女主角席薇亞父親的銀行，拯救一般的老百姓，讓老百姓擁有較多的生命貨幣。這種公而忘私的作為，為大眾利益著想的人，歷史上的偉大人物所在多有，也讓這部電影的價值感提升不少。

反觀現實人生裡，我們常說上帝對每一個人都是公平的，每個人都擁有二十四小時。但是人們往往對自己不公平，不去善用每一分每一秒，創造有意義的生命，任由時間消逝，也不覺可惜。所謂「少壯不努力，老大徒傷悲」，確實是真理。當一個人到老了才要珍惜時間，就會有為時已晚的遺憾。

　　當我看到電影中的人，不管是男女主角或是時間強盜、時間守護者，為了分秒必爭而開始在馬路上狂奔，就讓我覺得若是你把時間浪費在自憐自艾、怨天尤人；或是浪費在自暴自棄，倒不如拿來充實自我、造福他人，會更有意義。若是你自認還很年輕，高唱青春歲月就是要任意揮霍，我建議你看這部《鐘點戰》。

《行動電影院，時間還不夠看》

　　在過往的歲月，曾有幾次塞車的慘痛經驗，當時的車速可用龜速來形容，於是先生為了防患於未然，就為全家人打造愛車，成為一座電影院。

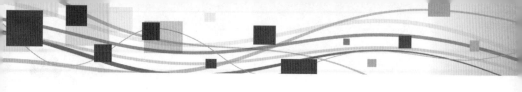

先生在前座儀表板旁邊裝上 DVD 和小型螢幕，前座的椅背上也裝上小型螢幕，於是一家四口就可以隨時觀賞喜愛的影片，頓覺車內充滿優閒的氣氛，管他塞車塞幾個小時，我家的電影院永遠不打烊，永遠有新片上檔。

一路上經過多少遙遠的路途、多少單調的山野都拋在腦後，而電影尚未播放完畢，就到達目的地。一下車之後，感覺彷彿瞬間移動，又好像踏過任意門，使兩地的距離拉得很近。

塞車時間變成我家欣賞電影的時間，把塞車時間轉換成休閒活動，等到塞車時段結束，我們反而覺得塞車時間太短了，沒看到幾部電影嘛。

電影院和家庭同時上映的小故事

七、對理念不放棄的堅持

第 1 場電影院的小故事

在麵中注入靈魂《拉麵女孩》

　　留學日本卻一事無成的美國女孩艾米，在被男友拋棄之後，決定挑戰技職生涯，學習如何煮一碗道地的日本拉麵？她除了必須克服語言障礙，溝通困難等，還要面對一個苛刻嚴厲的老闆，對她施以不人道的學徒訓練，包括把一整鍋烹調好的湯倒掉，想讓她因此打退堂鼓。

　　戲中曾提到為顧客煮一碗拉麵，就好像送顧客一份禮物，用愛煮出來的拉麵才能感動人心。但是失去愛情的艾

米只剩眼淚，所以品嘗到艾米的拉麵的客人，都想到傷心的事情而落淚。這證明艾米已經在拉麵中注入自己的靈魂，就算是傷心事也能感染他人。

一道用心做出的料理，一定花費許多的時間和耐力才能烹調出來，我未曾見過第一次料理食物就能烹調出人間美味。而必須在一連串的失敗之中，累積經驗；在遍嚐各地美食之中，找出自己想要的味道。

這部電影對正要出社會做事或正在技職教育體系的莘莘學子，具有很大的鼓舞作用。艾米終於煮出自己的創意料理：上帝拉麵，添加玉米、青椒和西紅柿當配菜。後來經過美食大師的評鑑，確認艾米的拉麵可以開始公告於世，她終於修成正果。而在感情的路上，艾米也找到另一個值得託付終身的人。

第 1 場家庭的小故事

《春遊》

　　春天它悄悄地從落羽松的枝頭爬下來了，呼喚我們不遠千里去親近它。拋開厚厚的冬衣，伸展僵直的四肢，我們決定騎著折疊腳踏車去拜訪它。春天它不許我們再賴床，春天它叫醒我們的冬眠，你再也不能說「我老了」，而不讓雙腳踏出家門；再也不能說「我老花了」，而不讓雙眼拓展視野。

　　春天它輕快地從折疊腳踏車的雙輪滾來了，它跟著我們搭上台鐵的區間車，造訪台南六甲落羽松。它總是貼心地用電動輔佐我們爬坡；它總是讓我們在偌大的園區，像個求知若渴的孩子，到處轉一轉，看一看，想找出最亮眼的角落，滿足窺探的心；有時它靜靜地歇息在一旁，融入背後的一幅春景，等待主人的歸來。

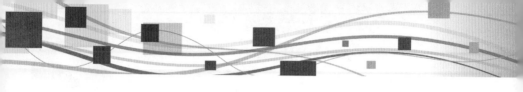

　　春天它脫去落羽松的黃外衣，告訴我們冬天過去了，春天不遠了。落羽松有的生長在水中，似水仙顧影自戀；有的生長在泥中，膝根雖然椎狀化隆起，卻能幫助它呼吸。它的葉子似羽毛，好像準備等待東風一吹，就連根拔起，飛向天際自由自在地翱翔。一身毛茸茸的羽毛，就像一身的傲骨。

　　春天是一年的開始，有人說：「好的開始是成功的一半」；也有人說「一年之計在於春」。拜訪完春天的落羽松，開啟了一年美好的序幕。工作很辛苦時，想想落羽松的美；對自己失去信心時，想想落羽松的自戀情結，否定不順遂，達到自我超越的境界；自己覺得生活四處碰壁時，想想落羽松瀟灑不羈的性格，或許能幫助自己重拾站起來的勇氣。

　　春遊就是這麼讓人不得不讚歎的身心靈 SPA。

《街舞 3D》

當克萊爾的男友離她而去，彷彿天塌下來的一場災難，舞團可能一切從頭開始嗎？團員從哪兒找？場地在哪兒？而將來要挑戰的世界冠軍「巨浪」，又是那麼完美無缺，目標愈高，挑戰度愈困難。在在考驗克萊爾的智慧。

好在芭蕾舞老師可蓮娜慧眼識英雄，願意出借場地的條件，是必須訓練芭蕾舞者跳街舞，兩種截然不同的舞者，又碰到情緒化的學員，讓教學呈現高難度。

正當克萊爾感到頭痛時，可蓮娜帶克萊爾去欣賞一場真正的芭蕾舞表演，才讓克萊爾對芭蕾舞有了新的看法，芭蕾舞在她的眼中亮了起來。

融合街舞和芭蕾舞的特色，就是克萊爾的創意風格，化不可能為可能，化腐朽為神奇，才能勝出。很多事物，都是彼此碰撞才能擦出火花，例如鴨子船，是結合海上行舟和陸上行駛兩種功能的新科技船，也因此更受旅人的青睞。

　　在舞蹈的世界，合者來，不合者去，就算面對前男友的背叛，更激起了克萊爾的鬥志。芭蕾舞學校的校長，也將芭蕾舞和街舞比賽時間排在同一時段，就是為了阻擋芭蕾舞者的參賽，但是，還是被他們找到比賽的機會，一起出賽，炫人耳目。

　　一群烏合之眾，能在比賽場中勝出，就是在比賽前訓練好，並且找到融合雙方的優點，才是正確之道。團結在此刻是必須的，向心力在一次又一次的練習中凝聚，終會將舞蹈的精華向世人展現出來。若不是整齣戲都充滿難關與阻礙，就不知道為了成功必須付出的努力是什麼？

《不能退社的喜悅》

　　女兒參加學校的舞蹈社團，入社前還要經過篩選的過程，幸運地她獲得晉級。為了有更好的表現，除了社團時間練習之外，假日早上額外練習是勢在必行。也因此女兒花費許多的時間和心力，一度萌生退社的想法。

　　但是舞蹈老師早已在入社之際聲明「不能退社」，我剛聽到「不能退社」感覺不太合理，但是心中又認為這其中一定有老師的用心所在，所以也只是安慰女兒幾句，反正兩年的時間很快就會過去。在舞蹈社中，起初她只是老師的助理，後來隨著比賽日子的來臨，她也成為正式的選手之一，緊鑼密鼓地練習。到了比賽那天，她們才盛裝打扮上場表演。

比賽結束，她們終於為學校奪得優等的獎項，苦盡甘來、載譽而歸。此時女兒已由一個舞蹈的生手，變成擁有像湖中的黑天鵝那麼優美舞姿的舞者；由一個連收斂水、乳液、粉底、眉筆……等保養、化妝品都陌生的女孩，變成會化妝的藝術表演者；甚至從沒戴過隱形眼鏡的她，也學會靠自己戴，不必假手他人。

「不能退社」這句話，也許是老師認為堅持到成功的那一刻，必須要面對的難關重重，要學生咬牙堅持下去，終會看到成功時綻開的花朵，是那麼漂亮；而半途而廢非但一事無成，學到的只有遇到困難就選擇逃避的態度。兩相比較之下，我認為「不能退社」真的是學習成功的至理名言。

電影院和家庭同時上映的小故事

《縮小人生》逃到小人國煩惱卻一樣

男主角保羅（麥特・戴蒙飾），他是一位職能治療師，平時是在工廠工作的工人，治療他們使用過度的肌肉，或是姿勢錯誤造成的酸痛。這樣的日子再平凡不過。直到他和太太參觀一間坪數蠻多的豪華住宅之後，他心中掀起濤天巨浪，因為他沒有多餘的錢可付貸款，此生可能和豪宅無緣。

剛好這時有一位科學家，為解決人口過剩和全球暖化的問題，發明出可將人類縮小的高科技。一旦人類變成五英吋高的小人國的一分子，所消耗的金錢、食材或是自然能源等，相對地少了許多。就算只是小康之家，到了實驗社區的休閒樂園，也能一夕之間成為富豪。

豪宅日子逐漸變調

於是，為了輕鬆地擁有豪宅，保羅義無反顧地簽約完成被縮小的程序，但是她的妻子臨陣脫逃，只剩保羅孤獨

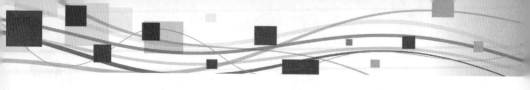

地面對富豪人生。

四十幾歲就住在如皇宮般的豪宅，剛開始過得優遊自在、樂不思蜀。後來日子逐漸像變調的曲子，參加舞會徹夜狂歡、夜夜笙歌、靡爛至極。每天睡到日上三竿，白天仍留有昨夜的宿醉。這種生活一點意義也沒有。

直到保羅在電視上看到一位貧民區的越南女子玉蘭，在縮小的過程中，左腳小腿慘遭截肢，他因為職業的敏感度，一股憐憫心油然而生。當他遇到她本人時，他希望幫她矯正義肢，使她走起路來姿勢更正確。但是同情心爆表的他，乾脆故意把義肢弄壞，搶了她的清潔工作，只讓她坐在一旁觀看。這位亞裔女子很有愛心，平時都會收集富豪剩餘的食物，幫助孤苦無依的獨居老人，保羅受到她的影響，也加入助人的行列。

人生以服務為目的

由以上可知，所謂的如天堂般的人生，若整天無所事

事，最後只落得一個無趣的結局。如何安排奢華的生活？保羅本身擁有醫學的背景，卻當個只會接電話的客服，有志難伸。難怪他遇見越南身障的女子，會迫不及待地想醫治她。最後保羅找到真愛，並且一起持續助人的溫暖行動，發揮「人生以服務為目的」的精神。比擁有幾間豪宅或幾部名車，來得更心曠神怡。

原來就算你逃到小人國的世界，所產生的煩惱和一般的世界，沒有什麼不一樣，仍然有貧富差距的現象。重要的是如何使生命更充實、更有意義。

第 3 場家庭的小故事

《孝順》

阿爸身為家中長子，阿公和阿嬤雖沒有要求阿爸必須留在鄉下，阿爸卻心甘情願留在父母身邊，陪伴父母、照

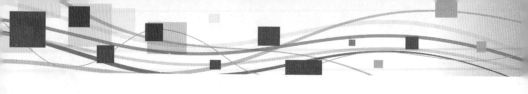

顧父母，而把遠方的夢想留給叔叔們。叔叔有的到台北大都會發展，有的離鄉背井獨自創業，都有一番作為和成就。相較之下，阿爸顯得平凡一些，但是阿爸甘之如飴，至少在服侍父母這方面是叔叔們比不上的。

只要阿公阿嬤身體微恙，能夠及時伸出援手的孩子，就是住在附近的阿爸。阿爸會立即拋下手邊的工作，趕緊開車載著阿公和阿嬤去醫院，直到阿公和阿嬤得到妥善的治療，阿爸一顆懸著的心才會放了下來。

然後會順便告訴我們阿爸的小故事：「阿爸小時候很頑皮，為了摘取龍眼樹上的龍眼，卻從樹上掉下來摔斷了腿。那時住在山上，阿公二話不說，揹起阿爸走了兩、三小時的山路和平地的石子路，到城市裡的大醫院，就為了治療頑童的傷勢。」

　　阿爸就這樣地親身體會阿公的愛子心切，從此變成一個孝順的孩子。

　　那這樣叔叔們不就會有樣學樣了嗎？記得有一次阿嬤生病住院，遠在北部的叔叔們不是假借看護的手，而是和阿爸一起輪流，睡在阿嬤病床旁邊，照顧孱弱的阿嬤好多天，直到阿嬤康復回到家中。

　　現在阿爸早已在天上許多年了，但是他孝順父母的身影猶在眼前。阿爸實踐了孔子的孝順名言：「父母在，不遠遊，遊必有方。」阿爸總是待在父母的視線所及的近處等著父母的呼喚，等著隨時向父母噓寒問暖。至於什麼富貴榮華？什麼名利權勢？阿爸都不看在眼底。阿爸就是這麼孝順和貼心的孩子。

八、從日常生活培養道德

《再續幸福的三丁目》

　　這是一部讓人知道什麼才是「幸福」的電影，在純樸社會中，守望相助的美德已逐漸消失，「幸福」是不忍心看到別人遭受困難，而勇於出手相救的情操，此片中處處可見。劇中每一個人的出發點，都是為了促進別人的幸福而努力。

　　片中主要人物之一，是一位東大畢業的高材生茶川，曾經與芥川文學獎擦身而過，和男孩淳之介過著一窮二白

的日子。為生活所逼,女友離開他,選擇當舞孃維持生活所需,只期待茶川功成名就的那一天,可以接她回家團圓。

為了和女友、淳之介一起生活,茶川決定再次挑戰芥川文學獎,最後雖未能得獎,女友卻為作品所感動,而重新回到茶川身邊,說明文字能感動人的力量。

女友體悟到茶川的真愛,終於了解只要和心愛的家人在一起,粗茶淡飯也是一種幸福。

一般社會觀念認為,寫小說是養不活自己的,甚至認為沒有得獎的作品就是差勁的文學作品。但片中卻告訴觀眾真正的文學是最能感動別人,而不是得到前三名文學獎的作品,通常作家能有「感情真摯」的文學風格,作品都是經過千錘百鍊的。

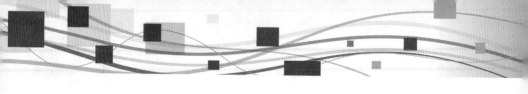

　　鄰居鈴木一家人為了幫助茶川實現理想，鈴木太太幫忙照顧男孩，送三餐給茶川，讓他能安心創作，真是好心的大善人，正所謂「患難見真情」。若是現代的社會，恐怕是人人避之唯恐不及，甚至暗地裡嘲笑諷刺，對一位文學創作人才的養成，根本毫無幫助，他又如何得到幸福？

第 1 場家庭的小故事

《把助人融入工作中》

　　在這工商忙碌的城市中，當你需要幫助的時候，總是會有人適時伸出援手，讓你見證美好的人情，因為工作並非唯利是圖。

　　我曾搭捷運到都會另一端陌生的區域，有著不熟悉的街道名字，下車之後詢問服務台，小姐有備而來，拿出一

張布滿許多小街道的地圖，仔細搜尋，好像是自己的事，並為我規劃一條最快捷的路線，讓我安心不少。有別於其它人回答：「大概是這裡。」或是指出錯誤的站名，更讓人窩心。

　　一出捷運站，新面孔的建築物迎面而來，心中已知目的地不遠。卻礙於時間緊湊，剛好計程車伯伯親切地主動上前招攬，省去我尋尋覓覓之苦。待我上了車，他也不以路程太短而覺得無奈，打開收音機聽著輕快的音樂，甚至抄了捷徑，讓我感受到他的用心。

　　待辦完事，回程時已多了一份悠閒，我決定安步當車，盡量讓雙腳自然地一前一後擺動。但是心中還是不知所措，不知道下一個路口轉彎是否離捷運更遠？腦中突然冒出「路是嘴巴問出來」這句話，於是就近找一家即將打烊的早餐店，店裡小妹正在店裡打掃，她聽到我的問路，馬上停下手邊的工作，笑容燦爛地為我指出在第幾個紅綠燈左轉。答謝

完之後我將轉頭離去，她忽然想起一條更短的路線，好像發現新大陸般津津樂道，再次引導著我這位陌生的旅人。

這一天，我看到三張笑容滿面的臉，都因助人而洋溢著耀眼的光芒，誰說冷漠的城市只有高牆？至少我帶著滿滿的感動走在回家的路上。

《大眼睛》

女主角瑪格麗特基恩是一位有天份的畫家，但是她出生的年代，是很少看到女藝術家的時代。個性內向的她，認為在家相夫教子是天經地義的。所以她並不為成名而畫畫，只是為了圖口飯吃，養活她唯一的女兒。女兒是她創作的靈感泉源，所以她的每一幅畫，都是擁有一雙大得出

奇的眼睛的小女孩，就是她女兒的化身。

　　因為瑪格麗特基恩的個性天真浪漫，見世不多。所以完全為別有居心的先生華特基恩所控制。於是逐漸地瑪格麗特基恩侷限在家中創作，而署名卻是華特基恩。最後甚至連女兒也蒙在鼓裡，當母親在畫室創作時，畫室的門是鎖上的，不讓女兒看到母親在創作。

　　當瑪格麗特基恩發現她和先生是文靜和活潑的組合，所獲得的金錢不計其數。瑪格麗特基恩負責創作也喜歡創作，而華特基恩負責行銷，交際功夫一流，於是名氣大作因此名利雙收，擁有豪宅、名車。唯一遺憾的是，瑪格麗特基恩因為蒙騙世人而不敢說真話，甚至連一個朋友都沒有。

最後瑪格麗特基恩因為受到良心的譴責，有違誠實的準則，決定和華特基恩對簿公堂，向世人宣示所有的創作都是瑪格麗特基恩的。但是法院如何判決呢？就是聽完雙方的片面之詞後，傳喚兩人在法庭當場創作，華特基恩立即露出馬腳，因為他根本是「掛羊頭賣狗肉」。

　　這部影片從頭到尾，可說是另一種逛美術館的方式，因為瑪格麗特基恩的作品隨著劇情起伏，逐一出現，令人驚豔。對於宣傳一位素昧平生的藝術家，無異是活潑生動的。讓觀眾一邊同情她的遭遇；一邊欣賞她的作品，看到她一生創作的生涯和成果，讓觀眾耳目一新也印象深刻。

《感謝靈魂之窗》

前些日子先生因為左眼視網膜剝離,兩次赴大醫院實施手術,回家之後又得吞嚥難以入口的藥水和藥丸。躺在床上無法任意行動,被困在一方斗室之中,失去可貴的自由,身心飽受煎熬。

看到先生的遭遇,我感恩我尚有一雙明亮的眼睛:能在騎機車時掌控方向盤,駛向正確的方向;能跟迎面而來的同事打招呼,交換友善的眼神;能手拿針線縫一個拼布手提包;能在臉書和朋友交換訊息並按讚;能欣賞一部過期但雋永富有人生意義的電影;能看完一套七本書的小說;能眼看兒女一日比一日成長茁壯而欣慰,這都得感謝雙眼的分享。

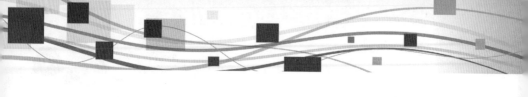

　　我感謝上天賜給我一對珍貴的眼睛，為了能讓她們繼續為我帶來幸福，每三十分鐘就閉目養神十分鐘，或是使用身體其它的感官來代替。否則生活中到處都是三C產品，不小心過度使用，寶貴的視力一旦衰退，就得走上一段漫長的康復之路，甚至有失明之虞。

第 3 場電影院的小故事

《冰原之心》

　　這部電影和家庭有關，當一個家庭出現問題，沒有好好解決，最後就會和犯罪扯上關係。

　　這個家因為蕾的先生在聖誕節之前把家裡的財產全部帶走，使家中經濟雪上加霜，於是蕾不得不幫摩霍克人偷渡，賺取高額的佣金。而十五歲的兒子，在家裡沒大人的

時候，利用電話詐騙老人的信用卡資料。最後蕾被警察抓走關上四個月，兒子也被警察逮到犯罪事實。

　　當蕾不在家時，單獨放任兩個孩子在家，難免發生一些不可預料的事。劇中蕾的大兒子使用焊槍，差點釀成火災。畢竟孩子照顧孩子，比不上大人照顧得周全。所以因為大人不在家，小孩發生意外是屢見不鮮，常常在社會版出現的意外，就是小孩玩火導致火災發生，造成生命和財產的損失。所以千萬別忽視小孩單獨在家的危險。

　　這個單親家庭，此時經濟壓力完全落在蕾的身上，感覺上是蠟燭兩頭燒。回到家中，又必須管教處在叛逆期的大兒子。在雙重壓力之下蕾快喘不過氣，於是單親、貧窮就和犯案成了鐵三角。大兒子也因得不到玩具，想藉由電話詐騙快速取得金錢來滿足物慾。

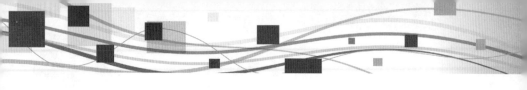

　　錯誤的觀念導致錯誤的行為，一步錯，步步錯，終於遭到法律的制裁。如果有人適時為這個家庭伸出援手，或許就能減少一些社會問題。我看到蕾為了下一代免於飢寒，雖然為母則強，卻做出犯法的事，不覺讓人為她掬一把同情的眼淚。

　　其實蕾也可以減少物慾，把一些時間用來照顧兩個孩子，給予精神的滿足勝過物質的享受。再一點一滴地節省金錢，教導孩子並非任何事都以金錢來衡量：電視可以不看，書卻不可不看；玩具可以不買，卻可以動手做玩具；汽車可以不坐，為了保護地球，多搭乘大眾交通工具。貧窮有時比富有教導孩子更多，用最省錢的方式來教導孩子愛物惜物、環保意識和親子關懷之情，父母的良好觀念是給孩子最寶貴的傳家之寶。

《兒子的背影》

　　有一天，我在信箱裡拿到一張違規通知單，我猜測可能是自己在行經交岔路口時，不小心闖紅燈被拍個正著。先生前不久才遭到紅單「襲擊」，因為他忘記兩段式左轉，也算闖紅燈，被罰了一千八百元。沒想到我們夫妻竟如此的「幸運」，先後都拿到紅單。

　　我到郵局領取罰單後，答案才揭曉。因為騎機車載兒子去聽演唱會，兒子沒戴安全帽，所以罰單上清楚說明：「機車附座乘客應戴安全帽。」並附上一張兒子的背影相片。我們公然違規，而且證據在握，這張相片真是昂貴。

　　我打手機教訓兒子：「臭小子，你不戴安全帽，害我損失五百元，要從你的零用錢扣。」

兒子自從升上高中以後，就不肯戴安全帽，原因是怕安全帽破壞他的髮型，把他蓬鬆的頭髮壓扁。任憑我如何耳提面命，他都當作耳邊風。自從有了這張罰單以後，他都會乖乖戴上安全帽，因為他不想被扣零用錢。

　　這張相片讓我在管教兒子時起了強化作用。交通警察早就該幫我們拍這張相片才對！

九、適度發揮幽默的好處

第 1 場電影院的小故事

帶著幽默心靈走《我出去一下》

　　哈沛是一位幽默的藝術表演家，總是帶給台下觀眾許多的歡笑。名利雙收之際，卻因心肌梗塞、割除膽囊等，身體亮起紅燈的時候，才警覺人生的意義是什麼？人生的目標是什麼？他決定暫時離開絢麗的舞台和廣大的粉絲，踏上「聖雅各朝聖之路」。徒步走過 791 公里的路程，最後抵達聖地亞哥大教堂。

　　他捨棄平時的舒適圈，一路上飽受各種折磨，除了氣候惡劣、水土不服、輾轉難眠等，連交一個朋友都遭到拒絕，有一種「念天地之悠悠，獨愴然而涕下」的感觸。與日記簿的對話已不能滿足他，他終於知道人生一世最後面對的是自我，在路上他一次一次與自己相遇，領悟要走到終點，只有靠自己。

　　但是旅途中並非平淡無奇，途中他總是會和兩個朝聖者不期而遇，一個是為了紀錄朝聖之旅的記者；另一個是曾經帶罹患癌症女兒走生命最後一趟旅途，最後卻失去女兒的母親。他們幾度在幾乎要放棄的時候，彼此互相鼓勵打氣，才能堅持下去。並且懷抱一顆平常心，能完成是幸運，不能完成也沒有什麼大不了。

　　徒步之旅看遍許多名勝古蹟，並穿插哈沛從小到大就擁有幽默的天賦，最後成為成功的表演者。使這部片子不會陷入悲情的氛圍，好像是為了追悔一輩子所做過的錯事

　電影院和家庭同時上映的小故事

才上路的。電影用幽默來化解一切的不愉快，或許生活充滿了水泡、臭蟲、孤獨、疲憊和紛爭等，但是因為還有一顆幽默的心靈，人生百年才會令人嚮往不已。

《阿勃勒》

　　家住在南部，曾經為了一睹杉林溪的櫻花如霧，和溪頭競相向上的杉群，而計畫一日往返，卻徒增旅途疲憊。因為我犯了一個貴遠賤近的老毛病，總是看不見住家附近的小確幸。一直到今年五月，季節限定的阿勃勒，說好一起璀璨綻放，就在我常常散步的那一條河岸小徑，我才頓悟。

一年四季，河岸栽種的兩排阿勃勒，在艷陽高照的時候，綠蔭濃密，帶給我的是清涼的觸感，常讓我莫名感動。而當幸福推到極致的季節到來，阿勃勒的花瓣隨風飄下彷彿「黃金雨」，又增加了視覺的美感。像老天爺不小心打翻整罐的黃油漆，染黃河邊兩岸。走在鋪滿小黃花的河岸小徑，彷彿進入金沙鋪地的琉璃世界。

阿勃勒的花語是「生命就該浪費在美好的事物上」，我則加上一句「美好的事物就在街道轉角處。」如果不是我養成散步的習慣，我怎麼可能發現讓人覺得幸福的行道樹？頭頂著黃色小雨，腳踩著黃色花瓣，內心是寧靜滿足的，忘卻人生許多無謂的煩惱，人生至此，夫復何求？

城市除了大道，多的是小徑，不管是鹿港小鎮彎彎曲曲的小巷；還是通往北埔老街的捷徑，給人的印象是「山窮水盡疑無路，柳暗花明又一村。」看似要一腳踩入民宅，但是一轉身，又出現另一條小徑。直至我遇見住家附近的

電影院和家庭同時上映的小故事

阿勃勒河岸小徑，有別於小巷的風格。叮嚀自己每天抽一點時間浪費在阿勃勒身上，等到明年的同一季節來到，阿勃勒又會為世界披上黃色的帷幕，鋪上黃色的地毯，迎接任何願意駐足觀賞的人。

所以我終於領悟幸福的青鳥就在住家附近的阿勃勒，我才感受幸福不必遠求的真理

第 2 場電影院的小故事

《新岳父大人》

劇中喬治班克斯升格為岳父大人，一時之間他是難以面對的。女兒安妮到了適婚年齡論及婚嫁，於是辦個體面的婚禮，炒熱氣氛，為了女兒再忙再累也甘之如飴。等到人群散去那一刻，父親才真的感覺女兒羽翼已豐。用一句

話來形容是最恰當不過：「賠了女兒又折兵」，只好不斷從腦海裡搜尋女兒從小到大的成長足跡。

　　一個小女孩的成長，從牙牙學語到亭亭玉立，從五歲到二十二歲，說短不短，說長不長。父親總是陪著女兒打籃球，女兒的技巧愈來愈厲害，父親的背卻愈來愈駝。直到有一天，女兒告訴父親她即將要結婚，父親此後無法天天看到女兒，呼喚她做功課，呼叫她洗澡。這股怨氣如何排解？只好不斷挑剔女婿。

　　懷疑女婿可能是個窮光蛋？直到拜訪親家，得知親家的客廳和他家一樣大，擔心女婿可能是個無業遊民？但是女婿卻是任何公司都請不起的員工。等到婚禮進行期間，女兒和女婿發生口角，這時父親轉而扮起和事佬。畢竟埋怨歸埋怨，婚姻大事，豈可兒戲？為了女兒著想，用心各自開導雙方，終於使新人和解，破涕為笑。父親怎能忍心不替女兒著想，棒打鴛鴦呢？

　　這場婚禮的費用，在婚顧的三寸不爛之舌的鼓吹之下，節節高升。父親聽說有人因為辦婚禮而破產，所以總是戰戰兢兢地，注重細節。本來出席婚宴的人數有五百多人，硬是刪到只剩一百五十人。甚至拿出昔日的禮服試穿，想說能省則省。孰料歲月催人老？如今的身材已經微胖，還是訂製一套新的禮服吧！而婚禮的狀況百出，無法讓父親坐下來好好吃頓精緻的自助餐，父親又覺得可惜！父親並非吝嗇，而是他的勤儉刻苦持家理念所表現。

　　女兒正在擔心父親花費超支時，父親才說出心裡的話：「為女兒舉辦婚禮這一刻讓他終身難忘。」以為女兒會一直陪伴在身邊的父親，要故作堅強面對女兒婚禮之後將遠走高飛，住在異鄉，父親的落寞可想而知。父親意識到女兒已經長大了，最後坦然接受，這都是出自於偉大無私的父愛。

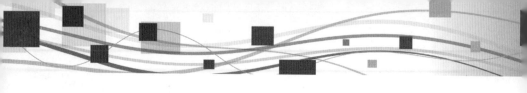

第 2 場家庭的小故事

《機車父女情》

先生起了個大早，他的任務是陪女兒上學時練機車。

前陣子受限疫情，在家線上學習的女兒苦無練習上路的機會，暑假期間由先生教會她騎乘、並考上機車駕照，現今仍延續老鳥教幼鳥飛翔的精神，如此才能安心放手，讓寶貝女兒獨自每天騎兩三公里的路程，準時到火車站搭車到校自習。

陪女兒吃了三年早餐的我，可以睡晚一點，就在女兒獨立上學的那一刻；而女兒單飛的時刻，就在先生完成陪練的那一刻。

　　先生總是坐在機車後座，殷殷叮嚀女兒：「紅燈亮起之後的十公尺距離，就要開始煞車。」「機車轉彎的速度不要太快。」「轉彎或更換車道，一定要打方向燈！」嗯，看來他巴不得要把女兒訓練成模範道路駕駛呢。

　　相信待這段練騎時光隨著時間過去變成往事，依然會深深留在父女倆的心底。

第 3 場電影院的小故事

《去看小洋蔥媽媽》

　　小洋蔥岡野雄一是一位駐唱的歌手，也是畫四格漫畫的漫畫家。他把和失智媽媽一起生活的點點滴滴，都收集在他的同名漫畫作品裡。一般人認為失智老人帶給下一代是一種累贅，但是小洋蔥把負面印象減輕不少，增添許多幽默的成

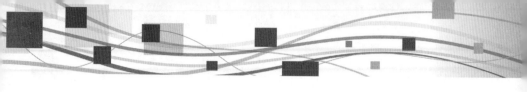

分，就像他以歌聲帶給底下的觀眾許多的歡笑一樣。

　　小洋蔥的媽媽（赤木春惠飾），有幾次在下班的時候，獨自一人坐在停車場等雄一。當雄一倒車時，赫然被映入他眼簾的媽媽嚇了一跳。雄一告訴媽媽別再等他了。因為這在正常的媽媽做來，是倚閭望兒歸的慈母形象。但是在失智的媽媽做來，就變成附近學童晚自習返家所看到的妖怪婆婆的行徑了。

　　最感人的情節是在養老院的時候，剛開始小洋蔥的媽媽都還記得雄一，尤其當雄一露出他光禿禿的頭，媽媽就會一邊摸著他的頭一邊叫他的名字，母子情深表露無遺。但是忽然有一天，小洋蔥的媽媽不再記得雄一，還把他看成是壞人，雄一哭了，說出肺腑之言：「原來被媽媽遺忘是這麼難過的事。」

　　雄一有一次在打掃房間時，發現了一張提燈節的宣傳單，知道媽媽喜歡看燈籠。於是當長崎的提燈節到了，雄一用輪椅推著媽媽，並且邀請媽媽的親戚、孫子和養老院的員工去看燈會。後來小洋蔥的媽媽在眼鏡橋上，看到死去的丈夫、妹妹和兒時的玩伴。小洋蔥的媽媽感慨說：「我失智之後，你爸就常來看我。我說呀！失智並不全是壞事情。」

　　小洋蔥的媽媽從小把雄一拉拔長大，一路走來酸甜苦辣箇中滋味嘗遍。現在雄一只要有空就會到養老院推媽媽出去散步。就像母鳥老了飛不動，慈鳥就會出去找食物回巢餵養母鳥一樣，小洋蔥算是善盡孝道的典範。

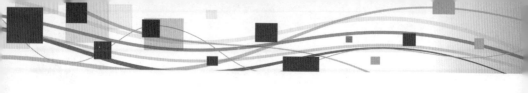

《一趟鄉土之旅》

　　利用假期，全家進行一趟鄉土之旅，讓平時習慣於都市生活的兒女們，能親近土地，接近大自然、喜愛大自然，進而了解生態保育的重要。

　　這趟農場之旅，最吸引孩子們的是—在中庭廣場餵食動物，女兒只要丟出一把飼料，就有一群鴿子、公雞、母雞和小雞跑來啄食，女兒這麼近距離地餵雞，倒是第一次，興奮之情溢於言表。其中還有一隻小乳豬穿梭其中搶食，著實可愛；母雞帶小雞悠閒地散步，更是少見。想到童年的我住在鄉下，天天幫母親餵雞，不知誰比較幸福？

　　夜晚品嚐各式的野菜和野味，竹筒飯、山豬肉、竹筍湯等，清爽卻不油膩，能消除一天的疲勞。農場主人也很

有人情味地為我們介紹景點，顯現純樸的性情。吃完晚餐，全家在涼爽的星空下散步，先生不小心踩到一隻蝸牛和踢翻另一隻蝸牛，被女兒取笑一番。後來孩子們在回途路上，被路上的一隻蜥蜴阻擋，嚇了一跳而楞在原地，難道這就是所謂的「都市土包子」嗎？

深夜躺在床上，大伙兒被青蛙、蟋蟀和不知名的昆蟲鳴叫聲，吵得頭昏腦脹，震耳欲聾，兒子大喊著：「好吵！睡不著覺了！」後來才發現房間的鋁門忘了關上，等到關好之後，才把萬籟之聲排除在外，卻也讓我們體會到鄉下的夜晚比白日更熱鬧，充滿無限的生命力。等到太陽出現，就只聽到公雞的啼叫聲，不絕於耳。

這種大自然的美景和動物，在在令孩子們驚喜，希望孩子們也能體會自然保護的重要，讓青山長在，綠水長流，人類才能繼續享受這大自然的風光。

十、師長誨人不倦的引導

《深夜在加油站遇見蘇格拉底》

　　主角丹是一個前途看好的體操選手，但是在比賽之前惡夢連連，輾轉難眠。於是半夜到加油站買飲料，遇到一個生活哲學家，丹以「蘇格拉底」的綽號稱呼他，這位蘇格拉底先生會徹底改變他的一生。

　　片中提到參加比賽的選手，內心總是充滿許多欲望：得到金牌，然後獲得父親的肯定，從此煩惱消失，坐擁一切，幸福快樂無與倫比。等到上場比賽時，因為內心太容易受到

這些欲望的控制，所以壓力特別大，也特別容易失常。

蘇格拉底教導丹的方法是「活在當下」，把握此時、此地、此刻，不為了打敗別人，不為了父親的面子，不是為觀眾表演體操，不是為獎盃而參賽，是為了表現最好的自我，享受一生追求的興趣，這樣自我認定之後，才能有最完美的表現。當一個人為了自己的興趣奮鬥努力時，較容易成功；而背負著別人給予的期望和榮譽時，往往不免失敗。

後來丹發生車禍，大腿粉碎性骨折，頂尖的運動選手一旦面臨如此殘酷的事實，一定失去所有的比賽機會，從此一蹶不振，連教練也不得不忍痛割捨他，甚至最後退出訓練的行列。但是蘇格拉底勉勵他東山再起，挑戰別人眼中的不可能。「打落牙齒和血吞」、「打斷腳骨顛倒勇」，憑著異於常人的鬥志，丹終於戰勝自我，獲得人生最大的成就。

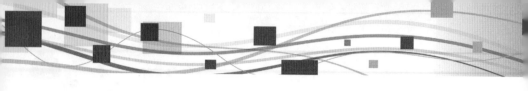

　　人的一輩子若有幸碰上人生良師，他會在你沮喪時，給予鼓勵的話語；在你驕傲時，適時予以棒喝；在你迷惘時，指點前行的迷津；在你無助時，伸手拉你一把；在你疑問連連時，一而再、再而三地闡釋哲理。丹一個人看事物的角度不免狹隘，蘇格拉底會點出另一種更高層次的態度和方法，使丹茅塞頓開，丹的生命彷彿經歷一場蛻變而更有深度。

第 1 場家庭的小故事

《值週的精神》

　　又到了路口值週的日子，自從我調到這個學校，還是維持往常老師值週的慣例。為期一週的時間，必須在早上上學和下午放學兩個時段，站在路口和糾察隊一起為過馬路的學生服務。身為老師常常為了趕上值週，必須提早出門，或是晚一點回家；除了作息打亂之外，中午也無法午休，

必須評班級整潔和秩序的成績，常導致下午上課時精神不濟。所以對於值週的來臨，我常常是心中頗有微詞，但既已為人師表，也只好強打起精神來。

　　直到有一天，我注意到有些值學校大門口的老師，不但哨子吹得特別響亮，糾察隊的欄杆一放下來，還會走到路中央，指揮偷跑的車子快速通過，好讓學生能走到對面人行道，然後在紅燈亮起前，再從容回到原位。在這 20 分鐘的時間內，哨子聲永遠是那麼有精神、那麼井然有序。難怪校長開會時，不斷提醒老師們，值週時要注意自己的人身安全。

　　自從心中有了榜樣之後，值週不再是一件苦差使，反而對學生「行的安全」。

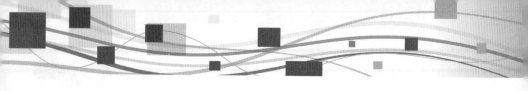

身懷重責，於是總會盯著不守規則的車子或行人，隨時記錄，因為只要一疏忽不注意，難免錯失重要的違規事實。

《字作多情》

一個過氣的編劇基斯〈休葛蘭飾演〉，經紀人為了改善他的經濟狀況，安排他到一所大學，開編劇這一門課。但是他由創作人改行教書，算是門外漢，輕易地和女大學生發生關係，甚至一個月都不上課不改作業，因此觸犯了學校的規範和政策，差一點丟了教職。

當一切似乎沒有轉圜的餘地，出現一位美麗的單親媽媽荷莉，引導走投無路的基斯，去克服所遇到的困難。還

好基斯的領悟力蠻高的，除了努力向校方爭取

保留教職；開導女大學生；還有主動打電話給冷戰中的兒子，希望改善親子關係。

本來基斯對教學一竅不通，但是在摸索之中，逐漸愛上這份工作。所以修他的課的學生對他讚譽有加，多少彌補他先前所犯下的過錯。甚至在師生的腦力激盪之下，觸動基斯想創作他的得獎作品《天堂錯位》的續集，所謂「教學相長」就是師生在教室裡激發出的智慧火花。而且基斯費心輔導學生所寫的劇本，居然得到電影業者的喜愛，想要拍成電影，學生想必名利雙收，作為師長的基斯樂觀其成。他提攜後進不遺餘力，終於找到教書的動力。

而荷莉在劇中擔任一個非常重要的角色，彷彿能看穿基斯的心：在他退怯時，推他一把；在他迷惘時，指出正

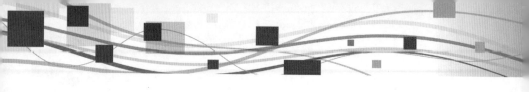

確的方向。甚至告訴他女大學生的人格特質，讓他能適時糾正女大學生的行為。最後基斯和荷莉有情人終成眷屬，基斯終於明白教書是他最喜愛的工作，而荷莉則是他的靈魂伴侶。

《寫作的導師編輯》

　　副刊幕後的藏鏡人—編輯，在此致上最大的敬意，每每寄出不夠成熟的文稿，讓編輯不知點了多少眼藥水，白了多少根髮絲，待編輯的生花妙筆一揮，文稿才能光明正大地印成鉛字。編輯每日閱讀無數的文章，去蕪存菁，早就練就一身功夫，只為求版面的完美，編輯的辛勞可想而知。

　　副刊編輯常誠摯地邀約文稿，我試投了十幾篇文稿卻石沉大海，這是什麼原因呢？真希望副刊編輯寫一封信指正我的錯誤，我會十二萬分的感激。否則我會以為副刊編輯的邀稿不過虛晃一招，或者副刊編輯根本是冷面笑匠─微笑地邀稿，殘酷地審稿。

　　有幾次遭退稿，我絕不會在心中暗罵副刊編輯，我會自我反省，一定是主題詮釋不夠深刻導致。同時認為是我自作多情在先：先投稿，當然會有心理防衛在後：遭拒絕。所以對我來說，退稿是稀鬆平常的事，副刊編輯希望我更努力的作為。我也立誓向一位有名的作家學習，寫上百篇文章，不怕退稿，來證明我寫作的毅力與決心。

　　我也非常感謝副刊編輯，有時在閱報當中，無意翻到自己的文章，竟像千里馬遇到伯樂那麼窩心，中了樂透彩券那麼興奮，還告訴週遭親友和我分享喜悅，然後仔細剪下貼在剪貼簿，當作成長的軌跡，這些不該感謝副刊編輯的青睞嗎？

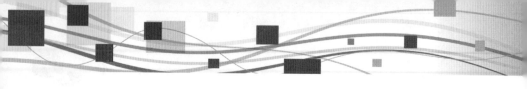

《貝拉的魔法》

　　蒙特先生是一個過氣的小說家，曾寫出膾炙人口的西部牛仔小說，主角是朱博麥克羅，獲得西方作家研究院的獎章。蒙特先生後來因為發生車禍變成身障和愛妻過世，從此一蹶不振。搬到貝拉湖畔，終日酗酒，以此度過餘生。鄰居一個單親媽媽夏洛特帶著三個女兒到鄉下避暑，卻改變了蒙特先生後來的命運，讓他找到真愛，並且重拾丟失的一支筆桿。

　　夏洛特認為和文學家接觸一定能得到許多文化的陶冶，她規定二女兒芬妮根，找出三個詞語，並且加以解釋，可見母親所派的功課，將影響孩子對文學的興趣。芬妮根為了尋找答案，向蒙特先生求救，也開啟了芬妮根的文學課。第一堂課蒙特先生以自己坐輪椅的經驗，編了一個詐領保險金的故事。第二堂課是他們在一條杳無人跡的街上，

蒙特先生問芬妮根：「你看見什麼東西和看不見什麼東西？」蒙特先生要她用心的眼睛去看任何事物，不要放棄不存在的東西。第三堂課是蒙特先生要芬妮根看著遠方湖面發揮想像力，她編織一個十歲女孩以機智的頭腦抓住壞人的故事。蒙特先生強調：「想像力是人類可以使用的最強大的力量。」於是芬妮根以「想像、詐騙、導師」這三個詞語和註解，完成母親交代的功課。

　　芬妮根發現文學真的有趣，跑去書局，選購朱博麥克羅傳奇這本小說，如果沒有蒙特先生的引導，芬妮根也不會和這本書結緣，並且發現這本書缺了最後一頁。夏洛特告訴蒙特先生三女兒弗蘿拉喜歡的動物是大象，蒙特先生就開始寫出一篇篇和大象有關的童話故事，讓夏洛特在弗蘿拉睡前唸給她聽。但是芬妮根很生氣地質問蒙特先生，為何只滿足於創作童話故事？好像自貶身價，做了不該做的事。於是蒙特先生就為了芬妮根，繼續完成朱博麥克羅傳奇這本書的最後一頁，滿足芬妮根的好奇心。

暑假似乎是最適合孩子冒險的日子，大女兒薇柳、芬妮根，和鄰居的小孩，把握機會一起划著救生艇前往貝拉島探險。芬妮根發現樹洞裡有一個生鏽的餅乾盒，裡頭有一本夏洛特小時候的日記，大女兒薇柳仔細閱讀之後，本來對母親頗有微詞的她，領悟了母親的心情，對母親產生一股憐憫之心。藉著偷窺一本母親的日記，解開了母女之間的心結。可見夏洛特從小就有寫日記的習慣。

　　如果不是因為對文學的探索和喜愛，這兩家人是無法互相吸引的。結局是蒙特先生把西部牛仔故事的版權，賣給電影公司。蒙特先生也搬來貝拉湖畔，這個適合寫作的好地方。和夏洛特、三個女孩，組成一個文藝氣息濃厚的家庭，蒙特先生繼續為這個世界創作更多動人的故事。也應驗了一句話：「上帝關了一扇門，必定會再為你打開另一扇窗。」

《早餐約會》

由於女兒必須搭 6 點半的校車上學,所以每天早上天剛亮我就得起床準備早餐。從一開始的抗拒,到現在的怡然自得,我的心情出現很大的轉變。

除了替女兒準備豐盛的早餐,包括水果、牛奶和麵包等,讓她充滿活力地開始新的一天,我也希望她能在家安安穩穩地吃頓早餐,不必因為我的賴床,總是匆匆忙忙提著早點就上車。如此念頭一轉,我不再視早起為畏途,反而每天都渴望和女兒來一場早餐約會。

往常,女兒總是一邊吃早餐一邊滑手機,母女之間缺少對話,我想著必須做些改變,於是,把電視從新聞頻道轉到美食頻道。短短 20 分鐘,節目主廚就能料理出兩道佳

餚，除了和女兒一起學習烹飪技巧之外，我們也會針對美食進行討論，讓一向遠庖廚的女兒，對烹飪多少有些概念。簡單的早餐，儼然成了一場美食饗宴。

除此之外，我也會用聊天的方式拋出一道作文題目，讓女兒想想該如何布局和構思，方能寫出一篇起承轉合俱全的文章。幸好，女兒對此也不排斥，可能是以前的引導觸發了她對文學的喜愛，且如今正值升學階段的她，也有寫作方面的需求。藉由對作文題目的闡釋發想，女兒更能抓住文章的結構和思考方向，也使得母女間的對話不再只是生活瑣事，而是將早餐提升為讀書會等級的文學對話。

還有，因為我平日的興趣就是欣賞電影，有時學校也會要求學生寫電影觀後感，所以，只要欣賞了一部精采絕倫的電影，我就會在早餐時和女兒分享情節和感想；而她在學校欣賞了師長播放的影片後，也會如獲至寶地和我分享。母女的早餐時光，就好像電影播完之後，導演和觀眾

面對面的映後座談。

　　現在的孩子，每天放學回家後早已筋疲力盡，通常就是逕自往房間裡鑽，和父母講不到三句話。所以，我把握早餐時間和女兒對話，不但可隨時得知孩子的學習狀況，能讓她感受到父母的關愛。

　　如今，每天和女兒的早餐約會，已成了我一天活力的來源。

國家圖書館出版品預行編目資料

電影院和家庭同時上映的小故事/夐林著. -- 初版. --
臺北市：博客思出版事業網, 2024.02
面；　公分
ISBN 978-986-0762-68-6(平裝)
1.CST: 生活教育 2.CST: 親職教育 3.CST: 教育輔導 4.CST: 電影
528.33　112019942

親子學習7

電影院和家庭同時上映的小故事

作　　者：夐林
主　　編：盧瑞容
編　　輯：陳勁宏、楊容容
美　　編：陳勁宏
校　　對：楊容容、古佳雯
封面設計：陳勁宏
出　　版：博客思出版事 業網
地　　址：臺北市中正區重慶南路1段121號8樓之14
電　　話：（02）2331-1675或（02）2331-1691
傳　　真：（02）2382-6225
E-MAIL：books5w@gmail.com或books5w@yahoo.com.tw
網路書店：http://bookstv.com.tw
　　　　　https://www.pcstore.com.tw/yesbooks/
　　　　　https://shopee.tw/books5w
　　　　　博客來網路書店、博客思網路書店
　　　　　三民書局、金石堂書店
經　　銷：聯合發行股份有限公司
電　　話：（02）2917-8022傳真：（02）2915-7212
劃撥戶名：蘭臺出版社帳號：18995335
香港代理：香港聯合零售有限公司
電　　話：（852）2150-2100傳真：（852）2356-0735
出版日期：2024年月2月初版
定　　價：新臺幣280元整（平裝）
ISBN：978-986-0762-68-6